अछूत कौन थे?

अछूत कौन थे और वे अछूत कैसे बने?

डॉ. बी. आर. अम्बेडकर

अनुवादक

मीना रूँगटा, राम सिंघानियाँ

KALPAZ

भारत में सन् 2023 में प्रकाशित

कल्पाज पब्लिकेशन
सी-30, सत्यवती नगर,
दिल्ली-110052
वेब साइट: www.kalpazpublications.com
ई-मेल: kalpaz@hotmail.com

Distribution Network
gyanbooks.com
India, USA, Canada, UK, Australia, France

अछूत कौन थे और वे अछूत कैसे बने?

ISBN: 978-93-5722-283-9 HB

मुद्रित: ज्ञान प्रेस, दिल्ली

अनुक्रमणिका

प्रस्तावना 7

भाग-1: एक तुलनात्मक सर्वेक्षण **17**

1. गैर-हिन्दुओं में अस्पृश्यता 19
2. हिन्दुओं में अस्पृश्यता 29

भाग-2: आवास की समस्या **47**

3. अछूत गाँव के बाहर क्यों रहते हैं? 49
4. क्या अछूत टूटे हुए लोग हैं? 59
5. क्या समानांतर मामले हैं? 63
6. टूटे हुए लोगों की अलग बस्तियाँ अन्यत्र कैसे गायब हो गईं ? 67

भाग-3: अस्पृश्यता की उत्पत्ति के पुराने सिद्धांत **71**

7. अस्पृश्यता के मूल के रूप में नस्लीय अंतर 73
8. अस्पृश्यता की व्यावसायिक उत्पत्ति 97

भाग-4: अस्पृश्यता की उत्पत्ति के नए सिद्धान्त **101**

9. अस्पृश्यता के मूल में बौद्धों के लिये अवमानना 103
10. गौमांस भक्षण अस्पृश्यता की जड़ में 113

भाग-5: नए सिद्धांत और कुछ प्रश्न **117**

11. क्या हिन्दू कभी गौमांस नहीं खाते थे? 119
12. गैर-ब्राह्मणों ने गौमांस खाना क्यों छोड़ दिया? 129
13. ब्राह्मणों को शाकाहारी बनने के लिए किसने प्रेरित किया? 137
14. गौमांस खाने से टूटे हुए लोग अछूत क्यों हो गए ? 163

भाग-6: अस्पृश्यता और उसके जन्म की तारीख **171**

15. अशुद्ध और अछूत 173
16. टूटे हुए लोग कब अछूत हो गए? 187

प्रस्तावना

यह पुस्तक 1946 में प्रकाशित मेरे ग्रंथ 'शूद्र - वे कौन थे और वे इंडो-आर्यन समाज में चतुर्थ वर्ण कैसे बन गए?' की अगली कड़ी है। शूद्रों के अलावा, हिंदू सभ्यता ने तीन सामाजिक वर्गों को जन्म दिया है जिनके अस्तित्व को वह तवज्जो नहीं मिली जिसके वह हकदार हैं। ये तीन वर्ग हैं:-

(i) आपराधिक जनजातियाँ जिनकी संख्या लगभग 20 मिलियन या उससे अधिक है;

(ii) आदिवासी जनजातियाँ जिनकी संख्या लगभग 15 मिलियन है; और

(iii) अछूत जिनकी संख्या लगभग 50 मिलियन है।

इन वर्गों का अस्तित्व में होना ही घृणास्पद है। इन सामाजिक उत्पादों के आलोक में आंकने पर हिंदू सभ्यता को शायद ही सभ्यता कहा जा सकता है। यह मानवता को दबाने और गुलाम बनाने की शैतानी चाल है। इसका उचित नाम 'कलंक' होगा। उस सभ्यता के बारे में और क्या कहा जा सकता है जिसने ऐसे लोगों का एक समूह तैयार किया है जिन्हें अपराध को अपनी आजीविका बनाने के स्वीकृत साधन के रूप में स्वीकार करना सिखाया गया है, ऐसे लोगों का एक और समूह बनाया है जो सभ्यता के बीच रहते हुए अपनी आदिम बर्बरता के बीच पूरी तरह से जीने के लिए छोड़ दिया गया है, और ऐसे लोगों का एक तीसरा समूह तैयार किया है जो मानव संपर्क से परे एक इकाई के रूप में माना जाता है और जिसका मात्र स्पर्श ही प्रदूषण पैदा करने के लिए पर्याप्त है?

किसी भी अन्य देश में इन वर्गों का अस्तित्व लोगों को अपना हृदय टटोलने और उनकी उत्पत्ति की जाँच-पड़ताल करने को प्रवृत्त कर देता है। लेकिन हिंदू के मन में इनमें से कुछ भी नहीं आया है। वजह साफ है। हिंदू इन वर्गों के अस्तित्व को किसी पश्चाताप या शर्म की बात नहीं मानता और न ही इसके लिए प्रायश्चित करने या इसकी उत्पत्ति और विकास की जांच करने की जिम्मेदारी महसूस करता है। दूसरी ओर, प्रत्येक हिंदू को यह विश्वास करना सिखाया जाता है कि उसकी सभ्यता न केवल सबसे प्राचीन है, बल्कि कई मायनों में अद्वितीय भी है। कोई भी हिंदू इन दावों को दोहराते हुए कभी नहीं थकता। यह कि हिंदू सभ्यता सबसे प्राचीन है, कोई भी समझ सकता है और मान भी सकता है। लेकिन यह समझना इतना आसान नहीं है कि वे किस आधार पर दावा करते हैं कि हिंदू सभ्यता अद्वितीय है। हो सकता है कि हिंदुओं को यह पसंद न आए, लेकिन जहां तक यह गैर-हिंदुओं को समझ में आता है, ऐसा दावा केवल एक ही आधार पर टिका रह सकता है। और वह है इन वर्गों का अस्तित्व, जिसके लिए हिंदू सभ्यता जिम्मेदार है। ऐसे वर्गों का अस्तित्व एक अनोखी घटना है, यह किसी भी हिंदू को दोहराने की जरूरत नहीं है, क्योंकि कोई भी इस तथ्य को नकार नहीं सकता। कोई भी यही चाहेगा कि हिंदू को यह एहसास हो कि यह एक ऐसी बात है जिसपर किसी को गर्व से ज्यादा शर्म करनी चाहिये।

हिंदू सभ्यता की समझदारी, श्रेष्ठता और पवित्रता में इन झूठे विश्वासों का समावेश पूरी तरह से हिंदू विद्वानों के विचित्र सामाजिक मनोविज्ञान के कारण है।

आज सारी विद्वता ब्राह्मणों तक ही सीमित है। लेकिन दुर्भाग्य से कोई भी ब्राह्मण विद्वान अब तक वोल्टेयर की भूमिका निभाने के लिए आगे नहीं आया, जिसमें कैथोलिक चर्च के सिद्धांतों के खिलाफ उठ खड़े होने की बौद्धिक ईमानदारी थी जिसके बीच वह पला था; न ही भविष्य में ऐसे किसी के दृश्य-पटल पर दिखाई देने की संभावना है। ब्राह्मणों की विद्वता पर यह एक गंभीर प्रश्नचिह्न है कि उन्होंने कोई वोल्टेयर नहीं दिया। इसमें कोई आश्चर्य भी नहीं होना चाहिये यदि यह याद रखा जाए कि ब्राह्मण

विद्वान केवल एक विद्वान व्यक्ति है। वह कोई बुद्धिजीवी नहीं है। एक विद्वान होने और एक बुद्धिजीवी होने में बहुत बड़ा अंतर है। पहले वाला अपने वर्ग के प्रति सचेत और उसके हितों के लिए काम करता है। दूसरा एक मुक्त प्राणी है जो वर्ग के विचारों से प्रभावित हुए बिना कार्य करने के लिए स्वतंत्र होता है। क्योंकि ब्राह्मण केवल विद्वान होते थे इसलिये उन्होंने कोई वोल्टेयर पैदा नहीं किया।

ब्राह्मणों ने कोई वोल्टेयर क्यों नहीं पैदा किया है? इस प्रश्न का उत्तर दूसरे प्रश्न से ही दिया जा सकता है। तुर्की के सुल्तान ने मुस्लिम विश्व के धर्म को समाप्त क्यों नहीं कर दिया? किसी पोप ने कैथोलिक धर्म की निंदा क्यों नहीं की? ब्रिटिश संसद ने सभी नीली आंखों वाले बच्चों की हत्या का आदेश देने वाला कानून क्यों नहीं बनाया है? जिस कारण से सुल्तान या पोप या ब्रिटिश पार्लियामेंट ने ये सब नहीं किया, उसी कारण से ब्राह्मण वोल्टेयर पैदा नहीं कर पाए। यह स्वीकार किया जाना चाहिए कि किसी व्यक्ति या उस व्यक्ति के वर्ग का स्वार्थ हमेशा एक आंतरिक बंधन के रूप में कार्य करता है जो उसकी बुद्धि की दिशा को नियंत्रित करता है। ब्राह्मणों के पास जो अधिकार और हैसियत है, वह पूरी तरह से हिंदू सभ्यता के कारण है, जो उन्हें महापुरुषों के रूप में मानती है और निम्न वर्गों को सभी प्रकार की अक्षमताओं के अधीन करती है ताकि वे कभी भी उठकर अपने ऊपर ब्राह्मणों की श्रेष्ठता को चुनौती या धमकी न दे सकें। जैसा कि स्वाभाविक है, प्रत्येक ब्राह्मण ब्राह्मणवादी वर्चस्व को बनाए रखने में रुचि रखता है, चाहे वह रूढ़िवादी हो या अपरंपरागत, चाहे वह पुजारी हो या गृहस्थ, चाहे वह विद्वान हो या न हो। ब्राह्मण वोल्टेयर कैसे बन सकता है? ब्राह्मणों के बीच एक वोल्टेयर तो उस सभ्यता की निरंतरता के लिए एक सकारात्मक खतरा होगा जो ब्राह्मणवादी वर्चस्व को बनाए रखने के लिए विकसित की गई है। मुद्दा यह है कि एक ब्राह्मण विद्वान की बुद्धि अपने स्वार्थ को सुरक्षित रखने की चिंता से गंभीर रूप से सीमित होती है।

वह इस आंतरिक निर्बलता से ग्रस्त होता है जिसके परिणामस्वरूप वह अपनी बुद्धि को उस पूर्ण सक्रियता की अनुमति नहीं देता जो कि ईमानदारी

और सत्यनिष्ठा की मांग होती है। क्योंकि, उसे डर होता है कि यह उसके वर्ग के और उसके अपने भी हितों को प्रभावित कर सकती है।

परंतु जो बात खीज पैदा करती है वो है ब्राह्मणवादी साहित्य को उजागर करने के किसी भी प्रयास के प्रति ब्राह्मण विद्वान की असहिष्णुता। जहां आवश्यक हो वहां भी वह स्वयं मूर्तिभंजक की भूमिका नहीं निभाएगा। और वह ऐसे गैर-ब्राह्मण को भी ऐसा करने की अनुमति नहीं देगा, जिसके पास ऐसा करने की क्षमता है। यदि कोई गैर-ब्राह्मण ऐसा प्रयास करेगा तो ब्राह्मण विद्वान मौन धारण का षडयंत्र करेगा, उसकी ओर कोई ध्यान नहीं देगा, किसी तुच्छ आधार पर उसकी कड़ी निंदा करेगा या उसके काम को बेकार करार देगा। ब्राह्मण साहित्य की व्याख्या करने वाले एक लेखक के रूप में मैं स्वयं ऐसी ओछी चालों का शिकार हुआ हूँ।

ब्राह्मण विद्वानों के रवैये के बावजूद, मैंने जो कार्य हाथ में लिया है, मुझे वह जारी रखना चाहिए। क्योंकि इन वर्गों की उत्पत्ति एक ऐसा विषय है जिसकी जांच अभी भी बाकी है। यह पुस्तक इन अभागे वर्गों में से एक अर्थात् अछूतों से संबंधित है। अछूतों की संख्या तीनों में सबसे अधिक है। उनका अस्तित्व भी सबसे अप्राकृतिक बात है। और अभी तक उनकी उत्पत्ति पर कोई शोध नहीं हुआ है। यह पूरी तरह से समझ में आता है कि हिंदू इस तरह की जांच नहीं करने वाले थे। पुराने रूढ़िवादी हिंदू अस्पृश्यता के पालन में कुछ गलत भी नहीं समझते थे। उनके लिए यह एक सामान्य और स्वाभाविक बात है। इस प्रकार इसमें न तो प्रायश्चित की कोई बात है और न ही स्पष्टीकरण की आवश्यकता। नए आधुनिक हिंदू को गलत का एहसास है। लेकिन उसे इस डर से सार्वजनिक रूप से चर्चा करने में शर्म आती है कि कहीं विदेशी यह न जान लें कि हिंदू सभ्यता एक ऐसी घृणित और बदनाम व्यवस्था या सामाजिक संहिता की दोषी हो सकती है, जो कि अस्पृश्यता से सिद्ध होती है। लेकिन आश्चर्य इस बात का है कि अस्पृश्यता सामाजिक संस्थाओं के किसी यूरोपीय छात्र का ध्यान आकर्षित करने में भी विफल रही है। यह समझना मुश्किल है कि क्यों। हालाँकि, तथ्य यही है।

इसलिए, इस पुस्तक को एक ऐसे क्षेत्र में शोध की दिशा में एक अग्रणी प्रयास के रूप में लिया जा सकता है, जिसे हर किसी ने पूरी तरह से उपेक्षित किया है। अगर मैं यह कहूँ तो गलत नहीं होगा कि यह पुस्तक न केवल शोध के लिए निर्धारित मुख्य प्रश्न, यानि अस्पृश्यता की उत्पत्ति, के हर पहलू से संबंधित है, बल्कि यह इससे जुड़े लगभग सभी प्रश्नों पर विचार करती है। कुछ प्रश्न ऐसे भी हैं जिनके बारे में जानकारी भी बहुत कम लोगों को है; और जिन्हें जानकारी है वे उनसे हैरान भी हैं और जानते भी नहीं कि उनका कैसे उत्तर दिया जाए। केवल कुछ का उल्लेख किया जाए तो, पुस्तक इस तरह के प्रश्नों पर विचार करती है: अछूत गांव के बाहर क्यों रहते हैं?

गौमांस भक्षण ने अस्पृश्यता को क्यों जन्म दिया? क्या हिन्दू कभी बीफ नहीं खाते थे ? गैर-ब्राह्मणों ने गौमांस खाना क्यों छोड़ दिया ? ब्राह्मण शाकाहारी क्यों बने आदि? इनमें से प्रत्येक के लिए, पुस्तक एक उत्तर सुझाती है। हो सकता है कि पुस्तक में दिये गए इन प्रश्नों के उत्तर सर्वग्राही न हों। बहरहाल, यह पाया जाएगा कि पुस्तक पुरानी चीजों को देखने के एक नए तरीके की ओर इशारा करती है।

पुस्तक में अस्पृश्यता की उत्पत्ति पर जो थीसिस पेश की गई है, वह पूरी तरह से एक नई थीसिस है। इसमें निम्नलिखित प्रस्ताव शामिल हैं:-

(1) हिंदुओं और अछूतों के बीच कोई नस्ली भेद नहीं है;

(2) अस्पृश्यता के आगमन से पहले, अपने मूल रूप में हिंदुओं और अछूतों के बीच का अंतर, आदिवासी और विदेशी जनजातियों से अलग हुए लोगों के बीच का अंतर था। यह अलग हुए लोग ही हैं जिन्हें बाद में अछूतों के रूप में माना जाने लगा;

(3) जिस तरह अस्पृश्यता का कोई नस्लीय आधार नहीं है, उसी तरह इसका कोई व्यावसायिक आधार भी नहीं है:

(4) दो जड़ें हैं जिनसे अस्पृश्यता उत्पन्न हुई है:

(a) ब्राह्मणों द्वारा बौद्धों के रूप में अलग हुए लोगों की अवमानना और घृणा:

(b) दूसरों द्वारा गोमांस भक्षण छोड़ने के बाद भी अलग हुए लोगों द्वारा इसे जारी रखना।

(5) अस्पृश्यता की उत्पत्ति की खोज में अस्पृश्यों को अशुद्धों से अलग रखने की सावधानी बरतनी चाहिये। सभी रूढ़िवादी हिंदू लेखकों ने अछूतों की पहचान अशुद्ध के साथ की है। यह एक त्रुटि है। अछूत अशुद्ध से अलग हैं।

(6) जबकि अशुद्ध एक वर्ग के रूप में धर्मसूत्रों के समय अस्तित्व में आए, अछूत 400 ईस्वी के बहुत बाद में अस्तित्व में आए।

ये निष्कर्ष ऐसे ऐतिहासिक शोध का परिणाम हैं जो मैं कर पाया हूँ। एक इतिहासकार को अपने सामने जो आदर्श रखना चाहिए उसे गेटे ने अच्छी तरह से परिभाषित किया है जिन्होंने कहा था:[1]

"इतिहासकार का कर्तव्य है कि वह सत्य को असत्य से, निश्चित को अनिश्चित से और संदिग्ध को उस से अलग करे जिसे स्वीकार नहीं किया जा सकता... ... प्रत्येक अन्वेषक को सबसे पहले स्वयं को एक ऐसे व्यक्ति के रूप में देखना चाहिए जिसे न्यायपीठ के आदेश पर हाजिर होने के लिए बुलाया गया है।

उसे केवल इस बात पर विचार करना है कि मामले का कथन कितना पूर्ण है और साक्ष्य द्वारा स्पष्ट रूप से निर्धारित किया गया है। फिर वह अपना निष्कर्ष निकालता है और अपना मत देता है, भले ही उसकी राय सामनेवाले व्यक्ति की राय के साथ मेल खाती हो या नहीं।"

गेटे के निर्देश को लागू करने में कोई कठिनाई नहीं है यदि सभी प्रासंगिक और आवश्यक तथ्य सामने आ गए हों। यह सलाह निश्चित रूप से बहुत मूल्यवान और बहुत ही आवश्यक है। लेकिन गेटे यह नहीं बताते कि इतिहासकार को क्या करना है जब वह एक लापता कड़ी से मुखातिब होता है, जब उसके पास महत्वपूर्ण घटनाओं के बीच जुड़े संबंधों का कोई प्रत्यक्ष प्रमाण उपलब्ध नहीं होता। मैं इसका उल्लेख इसलिए कर रहा हूँ क्योंकि अस्पृश्यता की उत्पत्ति और अन्य परस्पर जुड़ी समस्याओं की मेरी जांच के दौरान मुझे कई टूटी हुई कड़ियों का सामना करना पड़ा है। यह

सच है कि मैं अकेला नहीं हूँ जिसका सामना उनसे हुआ है। प्राचीन भारतीय इतिहास के सभी छात्रों को इनका सामना करना पड़ा है। क्योंकि जैसा कि माउंट स्टुअर्ट एलफिन्स्टन ने 'भारतीय इतिहास' में लिखा है, "अलेक्जेंडर के आक्रमण से पहले किसी महत्वपूर्ण घटना की कोई तारीख तय नहीं की जा सकती: और मोहम्मडन आक्रमण के बाद तक किसी प्राकृतिक व्यवहार से जुड़े किसी भी संबंध का प्रयास नहीं किया जा सकता है।" यह एक दुखद स्वीकारोक्ति है लेकिन फिर भी इससे कोई मदद नहीं मिलती। सवाल यह है: "इतिहास का छात्र क्या करे? क्या वह रुक जाए और कड़ी का पता चलने तक अपना काम रोक दे?" मुझे लगता है कि नहीं। मेरा मानना है कि ऐसे मामलों में उसके लिए यह अनुमत है कि वह अपनी कल्पना और अंतर्ज्ञान का उपयोग करके तथ्यों की श्रृंखला में छोड़े गए अंतराल को उन कड़ियों द्वारा जोड़ कर जो अभी तक खोजी नहीं जा सकी हैं, एक कामकाजी परिकल्पना प्रतिपादित करने के लिए सुझाव दे सकता है कि कैसे वे तथ्य जो ज्ञात तथ्यों द्वारा जोड़े नहीं जा सकते, आपस में जुड़े हो सकते हैं। मुझे यह स्वीकार करना चाहिए कि काम को रोकने के बजाय, मैंने अपने रास्ते में आने वाली लापता कड़ियों से उत्पन्न कठिनाई को दूर करने के लिए इस साधन का सहारा लेना पसंद किया है।

आलोचक इस कमजोरी का उपयोग थीसिस की निंदा करने के लिए कर सकते हैं क्योंकि यह ऐतिहासिक शोध के सिद्धांतों का उल्लंघन है। यदि आलोचकों का रवैया ऐसा है तो मुझे उन्हें याद दिलाना होगा कि यदि कोई कानून है जो ऐतिहासिक परिणामों के मूल्यांकन को नियंत्रित करता है तो इस आधार पर थीसिस को स्वीकार करने से इनकार करना कि यह प्रत्यक्ष साक्ष्य पर आधारित है, खराब कानून होगा। प्रत्यक्ष प्रमाण बनाम अनुमानात्मक साक्ष्य और अनुमानात्मक साक्ष्य बनाम अटकल के मुद्दे पर खुद को केंद्रित करने के बजाय, आलोचकों को इस बात की जाँच से सरोकार रखना चाहिए कि

(i) क्या थीसिस शुद्ध अनुमान पर आधारित है, और (ii) क्या थीसिस संभव है और यदि ऐसा है तो क्या यह उनकी थीसिस से बेहतर ढंग से तथ्यों के साथ फिट बैठती है?

पहले मुद्दे पर मैं कह सकता हूँ कि थीसिस सिर्फ इसलिए गलत नहीं होगी क्योंकि कुछ हिस्सों में यह अनुमान पर आधारित है। मेरे आलोचकों को यह ध्यान रखना चाहिए कि हम एक ऐसी संस्था के बारे में बात कर रहे हैं जिसकी उत्पत्ति पुरातनता में खो गई है। अस्पृश्यता की उत्पत्ति की व्याख्या करने का वर्तमान प्रयास उन ग्रंथों से इतिहास लिखने जैसा नहीं है जो निश्चयात्मक कथन करते हैं। यह इतिहास के पुनर्निर्माण का मामला है जहां कोई ग्रंथ नहीं हैं, और यदि हैं, तो प्रश्न से उनका कोई सीधा संबंध नहीं है। ऐसी परिस्थितियों में हमें जो करना है वह यह है कि पूरी तरह निश्चित हुए बिना भी उस सचाई को निकालने का प्रयास करना जिसे ग्रंथ छिपा लेते हैं या जिनका सुझाव देते हैं। कार्य है अतीत के अवशेषों को इकट्ठा करना, उन्हें एक साथ रखना और उनसे अपने जन्म की कहानी कहलाना। यह कार्य उस पुरातत्वविद् के कार्य के समान है जो टूटे हुए पत्थरों से एक शहर का निर्माण करता है या उस जीवाश्म विज्ञानी की तरह जो बिखरी हुई हड्डियों और दांतों से एक विलुप्त जानवर की कल्पना करता है या एक चित्रकार की तरह जो एक दृश्य बनाने के लिये क्षितिज की रेखाओं और पहाड़ी की ढलानों पर सबसे छोटे अवशेषों को पढ़ता है। इस अर्थ में यह पुस्तक इतिहास से कहीं अधिक कला का कार्य है। अस्पृश्यता की उत्पत्ति एक मृत अतीत में दबी हुई है जिसे कोई नहीं जानता। इसे जीवित करना इतिहास में एक ऐसे शहर की पुनः खोज करने और उसे अपनी मूल स्थिति में प्रस्तुत करने के प्रयास की तरह है जो सदियों से मृत हो चुका है। यह हो ही नहीं सकता कि इस तरह के काम में कल्पना और परिकल्पना की एक बड़ी भूमिका न हो। लेकिन यह अपने आप में थीसिस की आलोचना का आधार नहीं हो सकता। क्योंकि प्रशिक्षित कल्पना के बिना कोई भी वैज्ञानिक जांच फलदायी नहीं हो सकती और परिकल्पना ही विज्ञान की आत्मा है। जैसा कि मैक्सिम गोर्की ने कहा है[2]:

> "विज्ञान और साहित्य में बहुत समानता है; दोनों में, अवलोकन, तुलना और अध्ययन मूलभूत महत्व के हैं; कलाकार को वैज्ञानिक की तरह कल्पना और अंतर्ज्ञान दोनों की जरूरत होती है। कल्पना और अंतर्ज्ञान अपनी अनदेखी कड़ियों द्वारा तथ्यों की श्रृंखला में आए अंतराल को

पाट देते हैं और वैज्ञानिक को अपनी परिकल्पना और सिद्धांत निर्माण की सहूलियत देते हैं जो कमोबेश सही ढंग से और सफलतापूर्वक प्रकृति के रूपों और घटनाओं के अध्ययन में मन की खोज को निर्देशित करते हैं। वे साहित्यिक सृजन के आधार हैं; पात्रों और प्रकारों को बनाने की कला कल्पना, अंतर्ज्ञान, चीजों को अपने मन में बनाने की क्षमता की मांग करती है"।

इसलिए मेरे लिए यह अनावश्यक है कि मैं उन कड़ियों के निर्माण का सहारा लेने के लिए माफी माँगू जहाँ वे गायब थीं। न ही यह कहा जा सकता है कि मेरी थीसिस उस वजह से खराब हुई है क्योंकि कहीं भी कड़ियों का निर्माण शुद्ध अनुमान पर आधारित नहीं होता। थीसिस का बड़ा हिस्सा तथ्यों पर और तथ्यों से अनुमानों पर आधारित है। और जहां यह तथ्यों या तथ्यों से अनुमानों पर आधारित नहीं है, यह अनुमानित चरित्र के परिस्थितिजन्य साक्ष्य पर आधारित है जिनकी संभाव्यता का स्तर काफी ऊँचा है। मैंने अपनी थीसिस के समर्थन में ऐसा कुछ भी नहीं कहा है जिसे मैंने अपने पाठकों को सिर्फ भरोसे पर स्वीकार करने के लिए कहा हो। मैंने कम से कम यह दिखाया है कि मैंने जो कहा है उसके पक्ष में प्रबल संभावना मौजूद है। यह कहना थोथे पांडित्य के सिवा और कुछ नहीं होगा कि एक वैध निष्कर्ष के लिए संभावना की प्रबलता पर्याप्त आधार नहीं है।

दूसरे बिंदु पर, जिसकी परीक्षा के विषय में, मैंने कहा, मेरे आलोचकों को खुद पर ध्यान देना चाहिए, जो मैं कहना चाहूंगा वह यह है कि मैं इतना घमंटी नहीं हूँ कि अपनी थीसिस के लिए किसी भी तरह की अंतिमता का दावा कर सकूं। मैं उनसे इसे अंतिम शब्द के रूप में स्वीकार करने के लिए नहीं कहूंगा। मैं उनके फैसले को प्रभावित नहीं करना चाहता। बेशक वे अपने निष्कर्ष पर आने के लिए स्वतंत्र हैं। मैं उनसे बस यही कहता हूँ कि वे इस बात पर विचार करें कि क्या यह थीसिस व्यावहारिक नहीं है और इसलिए, कुछ समय के लिए ही सही, क्या यह एक मान्य परिकल्पना नहीं है, यदि एक मान्य परिकल्पना की कसौटी यह हो कि यह आसपास के सभी तथ्यों के साथ फिट होनी चाहिए, उन्हें समझाने में समर्थ होनी चाहिये

और उन्हें एक अर्थ देनेवाली होनी चाहिये जो कि इसके अभाव में उनके पास प्रतीत नहीं होता। मैं अपने आलोचकों से निष्पक्ष और उचित मूल्यांकन से अधिक कुछ नहीं चाहता।

1 जनवरी, 1948

1, हार्डिंग एवेन्यू, **बी.आर. अम्बेडकर**

नई दिल्ली।

संदर्भ सूची

1. मैक्सिम्स एंड रिफ्लेक्शंस ऑफ गेटे, नं. 453, 543.
2. साहित्य और जीवन। मैक्सिम गोर्की के लेखन से एक चयन।

भाग - 1

एक तुलनात्मक सर्वेक्षण

अध्याय I. गैर-हिन्दुओं में अस्पृश्यता
अध्याय II. हिन्दुओं में अस्पृश्यता

अध्याय - 1

गैर-हिन्दुओं में अस्पृश्यता

अस्पृश्य कौन हैं और अस्पृश्यता का मूल क्या है? ये वे मुख्य विषय हैं जिनकी जांच करने की कोशिश की गई है और जिनके परिणाम आगामी पृष्ठों में दिये जाएंगे। जांच शुरू करने से पहले कुछ प्रारंभिक प्रश्नों से निपटना आवश्यक है। पहला प्रश्न है: क्या विश्व में केवल हिन्दू ही अस्पृश्यता का पालन करते हैं? दूसरा है: यदि गैर-हिंदुओं द्वारा भी अस्पृश्यता का पालन किया जाता है, तो हिंदुओं में अस्पृश्यता गैर-हिंदुओं में अस्पृश्यता से कैसे मेल खाती है? दुर्भाग्य से अब तक ऐसा कोई तुलनात्मक अध्ययन करने का प्रयास नहीं किया गया है। परिणाम यह है कि यद्यपि अधिकांश लोग हिंदुओं में अस्पृश्यता के अस्तित्व के बारे में जानते हैं, लेकिन वे नहीं जानते कि इसकी अनूठी विशेषताएं क्या हैं। हालांकि इसकी अनूठी और अनोखी विशेषताओं की एक निश्चित जानकारी न केवल अस्पृश्यों की स्थिति की वास्तविक समझ के लिए आवश्यक है बल्कि उनके मूल की जांच की आवश्यकता पर जोर देने के सर्वोत्तम साधन के रूप में भी आवश्यक है।

आदिम और प्राचीन समाजों में स्थिति कैसी थी, इसकी जांच करके शुरू करना अच्छा होगा। क्या वे छुआछूत मानते थे? सबसे पहले यह स्पष्ट होना आवश्यक है कि अस्पृश्यता का अर्थ क्या है। इस बिंदु पर कोई मतभेद नहीं हो सकता। सभी पक्षों में इस बात पर सहमति होगी कि अस्पृश्यता के मूल में अपवित्रता, प्रदूषण, संदूषण की धारणा है और उस मलिनता से छुटकारा पाने के तरीके और साधन हैं।

आदिम समाज के सामाजिक जीवन की जांच[1] यह पता लगाने के लिए कि वह ऊपर बताए गए अर्थों में अस्पृश्यता को मान्यता देता था या नहीं, इसमें कोई संदेह नहीं छोड़ती कि आदिम समाज न केवल अपवित्रता की धारणा में विश्वास करता था बल्कि इस विश्वास ने एक जीवित व्यवस्था को जन्म दिया था जिसमें अनुष्ठानों और विधि-विधानों का एक सुव्यवस्थित ढाँचा मौजूद था।

आदिम मनुष्य का मानना था कि अपवित्रता इन कारणों से होती है -

(1) कुछ घटनाओं का घटित होना;

(2) कुछ चीजों के साथ संपर्क; और

(3) कुछ खास लोगों से संपर्क।

आदिम मनुष्य एक व्यक्ति से दूसरे व्यक्ति में दुष्ट शक्तियों के संचरण में भी विश्वास करता था। वह सोचता था कि इस तरह के संचरण का खतरा किसी विशिष्ट समय पर विशेष रूप से अधिक होता है जैसे कि प्राकृतिक कार्यों का निपटारा, खाना, पीना, आदि। आदिम मानव द्वारा जिन घटनाओं के घटित होने को निश्चित रूप से अपवित्रता का कारण माना जाता था, उनमें निम्नलिखित शामिल थे:-

(1) जन्म

(2) दीक्षा

(3) यौवन

(4) विवाह

(5) सहवास

(6) मृत्यु

गर्भवती माताओं को अपवित्र और दूसरों के लिए अपवित्रता का स्रोत माना जाता था। माँ की अशुद्धता बच्चे तक भी पहुँचती थी।

दीक्षा और यौवन ऐसे चरण हैं जो पुरुष और महिला के पूर्ण यौन और सामाजिक जीवन से परिचय को चिह्नित करते हैं। उन्हें एकांत सेवन, एक विशेष आहार, बार-बार स्नान, शरीर के लिए वर्णक का उपयोग और

खतना जैसी शारीरिक विकृति का पालन करना आवश्यक था। अमेरिकी जनजातियों में दीक्षित लोग न केवल एक विशेष आहार का सेवन करते थे बल्कि नियमित अंतराल पर एक वमनकारी औषध भी लिया करते थे।

विवाह के समय होने वाले रीति-रिवाजों से पता चलता है कि आदिम मनुष्य विवाह को अपवित्र मानते थे। कुछ मामलों में दुल्हन को जनजाति के पुरुषों द्वारा जैसे ऑस्ट्रेलिया में या जनजाति के सरदार या वैद्य द्वारा जैसे अमेरिका में या दूल्हे के दोस्तों द्वारा जैसे पूर्वी अफ्रीकी जनजातियों में संभोग से गुजरना पड़ता था। कुछ मामलों में दूल्हे द्वारा दुल्हन को तलवार से थपथपाया जाता है। कुछ मामलों में, जैसे मुंडाओं के बीच, दूल्हे के साथ शादी से पहले एक पेड़ से शादी होती है। इन सभी विवाह अनुष्ठानों का उद्देश्य व्यक्ति को विवाह की अशुद्धता से बेअसर करना और तैयार करना है।

आदिम मनुष्य के लिए अशुद्धता का सबसे बुरा रूप था मृत्यु । केवल शव ही नहीं, बल्कि मृतक के सामान के कब्जे को भी प्रदूषण से दूषित माना जाता था। लाश के साथ कब्र में औजार, हथियार आदि रखने की व्यापक प्रथा इंगित करती है कि दूसरों द्वारा उनका उपयोग खतरनाक और अशुभ माना जाता था।

वस्तुओं के संपर्क से उत्पन्न अशुद्धि की ओर मुड़ें तो आदिम मानव ने कुछ वस्तुओं को पवित्र और कुछ को अपवित्र मानना सीख लिया था। एक व्यक्ति के लिए किसी पवित्र वस्तु को छूना उसे अपवित्र करना और दूषित करना था। आदिम समाज में पवित्र और अपवित्र के अलगाव का एक सबसे स्पष्ट उदाहरण टोडों के बीच पाया जाता है, जिनके पूरे विस्तृत अनुष्ठान और (यह कहना अतिशयोक्ति नहीं होगा कि) जिनके सामाजिक संगठन का पूरा आधार ही पवित्र झुंडों, पवित्र डेरी, बर्तनों, और दूध तथा वे लोग जिनका कर्तव्य संबंधित संस्कार और अनुष्ठान करना है, की आनुष्ठानिक शुद्धता बरकरार रखने के लिये होती है। डेयरी में, पवित्र बर्तन हमेशा एक अलग कमरे में रखे जाते हैं और दूध केवल दूसरे कमरे में रखे एक मध्यवर्ती बर्तन के स्थानांतरित होने से उन तक पहुंचता है। डेयरीमैन,

जो पुजारी भी है, को एक विस्तृत संस्कार के बाद ही कार्यालय में प्रवेश दिया जाता है, जो वास्तव में एक शुद्धिकरण है। एक तरह से उसे सामान्य पुरुष की कोटि से हटाकर पवित्र पद के लिए योग्यता दी जाती है। उसके आचरण नियमों द्वारा नियंत्रित होते हैं जैसे कि उसे सिर्फ गाँव में सोने की अनुमति होती है और वो भी केवल निश्चित समय पर, या किसी अंतिम संस्कार में शामिल होने वाले डेयरीमैन को उस समय से अपना पवित्र कार्य करने की अनुमति नहीं होती। इसलिए, यह अनुमान लगाया गया है कि अधिकांश अनुष्ठानों का उद्देश्य अपवित्रता के खतरों को टालना और उन लोगों द्वारा उपभोग के लिए पवित्र पदार्थ को तैयार करना या बेअसर करना है जो स्वयं अशुद्ध हैं।

पवित्रता की धारणा सिर्फ वस्तुओं तक ही सीमित नहीं थी। पुरुषों के कुछ वर्ग भी थे जो पवित्र माने जाते थे। एक व्यक्ति के लिए उन्हें छूना प्रदूषण का कारण था। पॉलिनेशियनों के बीच, एक मुखिया का किसी हीन व्यक्ति द्वारा स्पर्श वर्जित होता है, हालांकि इसके उल्लंघन में खतरा हीन व्यक्ति पर पड़ता है। दूसरी ओर, एफाटे में, 'पवित्र व्यक्ति' यदि नमिन (अनुष्ठान संबंधी अशुद्धि) के संपर्क में आ जाता है, तो उसकी पवित्रता नष्ट हो जाती है। युगांडा में, एक मंदिर बनाने से पहले, पुरुषों को खुद को शुद्ध करने के लिए चार दिन दिए जाते थे। दूसरी ओर, मुखिया और उसके सामान को अक्सर पवित्र माना जाता है और इसलिए, निम्न श्रेणी के अन्य लोगों के लिए खतरनाक माना जाता है। टोंगा द्वीप में, किसी व्यक्ति द्वारा किसी मुखिया को छूना अपशकुन माना जाता है; इसे एक श्रेष्ठ प्रमुख के पैर के तलवे को छूकर दूर किया जाता है। मलाया प्रायद्वीप में मुखिया का पवित्र गुण भी राजकीय पारितोषिक में निहित रहता है और माना जाता है कि इसे छूने वाला गंभीर बीमारी या मृत्यु को आमंत्रित करता है।

आदिम मानव द्वारा अपरिचित लोगों के साथ संपर्क को भी अस्पृश्यता का एक स्रोत माना जाता था। दक्षिण अफ्रीका की एक जनजाति बथोंगा के बीच, यह माना जाता है कि जो लोग अपने देश से बाहर यात्रा करते हैं उन्हें विदेशी आत्माओं के प्रभाव से और विशेष रूप से राक्षसी कब्जे से खतरा होता है। अजनबी लोग वर्जित होते हैं क्योंकि, वे अपरिचित देवताओं की

पूजा करते हैं, और अपने साथ अजनबी प्रभाव लाते हैं। इसलिए, उन्हें धुआँ करके या किसी अन्य तरीके से शुद्ध किया जाता है। डीएरी और पड़ोसी कबीलों में यात्रा के बाद घर लौटने वाले जनजाति के सदस्य को भी एक अजनबी के रूप में माना जाता था और जब तक वह बैठ नहीं जाता था तब तक उसपर कोई ध्यान नहीं देता था।

किसी नए देश में प्रवेश करने का खतरा उतना ही बड़ा माना जाता है जितना वहां से आने वालों से जुड़ा होता है। ऑस्ट्रेलिया में, जब एक जनजाति दूसरे जनजाति के पास जाती है, तो सदस्य हवा को शुद्ध करने के लिए जलती हुई छड़ें ले जाते हैं, ठीक वैसे ही जैसे युद्ध करने वाले स्पार्टन राजाओं के लिये वेदी से पवित्र अग्नि को सीमा तक ले जाया जाता था।

इसी तरह, बाहरी दुनिया से किसी घर में प्रवेश करने वाले व्यक्ति को कुछ अनुष्ठान करने की आवश्यकता होती थी, भले ही यह केवल उसके जूते निकालने के लिए ही क्यों न हो, जो आने वाले को बुराई से शुद्ध करेगा, अन्यथा वह अन्दर वाले लोगों को दूषित कर सकता है, और जब घर या समुदाय का कोई सदस्य अशुद्धि का स्रोत बन जाए, तो दहलीज या दरवाजे या लिंटल को - क्योंकि वे बाहरी दुनिया के संपर्क के बिंदुओं के रूप में महत्वपूर्ण हैं - खून से पोता जाता है या पानी के छींटे दिये जाते हैं, या बुराई को दूर रखने और सौभाग्य लाने के लिए चौखट पर घोड़े की नाल लटका दी जाती है।

बेशक, जन्म, मृत्यु, विवाह आदि से जुड़े संस्कार और समारोह सकारात्मक और स्पष्ट रूप से यह नहीं बताते कि उन्हें प्रदूषण के स्रोत के रूप में माना जाता था। लेकिन यह कि प्रदूषण कई अन्य तत्वों में से एक तत्व है, इस तथ्य से संकेत मिलता है कि हर मामले में व्यक्ति को अलग कर दिया जाता था। अलगाव और बहिष्करण हर मौके पर होता है - जन्म, दीक्षा, विवाह, मृत्यु अथवा पवित्र और विचित्र स्थितियों से निपटना।

जन्म के मौके पर मां को अलग कर दिया जाता है। यौवन और दीक्षा के अवसर पर कुछ अवधि के लिए अलगाव और अकेलापन होता है।

शादी में मंगनी के समय से लेकर वास्तविक रस्म तक दूल्हा-दुल्हन का मिलन नहीं होता है। मासिक धर्म में एक महिला को अलग किया जाता है। मृत्यु के मामले में तो अलगाव सबसे अधिक होता है। यहां केवल शव को ही अलग नहीं किया जाता, बल्कि मृतक के सभी रिश्तेदारों को बाकी समुदाय से अलग कर दिया जाता है। यह अलगाव मृतकों के रिश्तेदारों के बालों और नाखूनों के बढ़ने और उनके द्वारा पुराने कपड़े पहनने से पता चलता है जो दर्शाता है कि वे समाज जैसे नाई, धोबी आदि की सेवा नहीं ले रहे। अलगाव की अवधि और अलगाव की सीमा मृत्यु के मामले में भिन्न होती है लेकिन अलगाव का तथ्य विवाद से परे है। अपवित्र द्वारा पवित्र की अशुद्धता के मामले में या स्वजनों की अपवित्रता या गैर-सम्बन्धियों के साथ बर्ताव के मामले में भी अलगाव का तत्व होता है। अपवित्र को पवित्र से दूर रहना चाहिए। अतः स्वजन को अपरिचित से दूर रहना चाहिए। इस प्रकार यह स्पष्ट है कि आदिम समाज में अशुद्धावस्था में अशुद्धि के कारक का पृथक्करण शामिल था।

अपवित्रता की धारणा के विकास के साथ-साथ, आदिम समाज ने अशुद्धता को दूर करने के लिए कुछ शुद्धिकरण के माध्यम और शुद्धिकरण अनुष्ठान भी विकसित कर लिये थे।

अशुद्धता को दूर करने के लिए उपयोग किए जाने वाले माध्यमों में पानी और रक्त शामिल हैं। अशुद्ध व्यक्ति द्वारा पानी का छिड़काव और रक्त का छिड़काव उसे शुद्ध करने के लिए पर्याप्त था। पवित्र करने वाले अनुष्ठानों में कपड़े बदलना, बाल, नाखून आदि काटना, स्वेद-स्नान, अग्नि, धूमन, अगरबत्ती जलाना और पेड़ की टहनियों से पंखा करना आदि शामिल था।

ये अशुद्धि दूर करने के उपाय थे। लेकिन आदिम समाज के पास अशुद्धता से छुटकारा पाने का एक और तरीका था। यह था इसे किसी अन्य व्यक्ति के पास स्थानांतरित कर देना। इसे किसी ऐसे व्यक्ति को स्थानांतरित कर दिया जाता था जो पहले से ही वर्जित था।

न्यूजीलैंड में, यदि कोई किसी दूसरे के सिर को छू लेता, तो सिर चूंकि शरीर का एक विशेष रूप से 'पवित्र' हिस्सा होता है, इसलिये वह वर्जित

हो जाता था। वह अपने हाथों को फर्न की जड़ पर रगड़ कर शुद्ध करता था, जिसे बाद में परिवार की मुख्य महिला खा लेती थी। टोंगा में, यदि कोई व्यक्ति वर्जित भोजन खा लेता तो वह अपने पेट पर मुखिया का पैर रखकर बुरे परिणामों से खुद को बचाता था।

बुराई के स्थानांतरण का विचार बलि का बकरा प्रथा में भी प्रकट होता है। फिजी में, कोई वर्जित व्यक्ति अपने हाथों को एक सुअर पर पोंछता था, जो मुखिया के लिए पवित्र हो जाता था, जबकि युगांडा में, किसी राजा के शोक की अवधि के अंत में एक गाय, एक बकरी, एक कुत्ते के साथ एक 'बलि का बकरा', राजा के घर से एक चिड़िया और धूल और आग बन्योरो सीमा तक पहुंचाई जाती थी, और वहां जानवरों को अपंग बनाकर मरने के लिए छोड़ दिया जाता था। यह प्रथा राजा और रानी की सभी अशुद्धियों को दूर करने के लिए आयोजित की जाती थी।

ये सब आदिम समाज में प्रचलित अशुद्धि की धारणा से संबंधित तथ्य हैं।

प्राचीन समाज की ओर रुख करते हैं तो उसमें प्रचलित अशुद्धि की धारणा भी आदिम समाज में प्रचलित धारणा से भौतिक रूप में भिन्न नहीं थी। अशुद्धि के स्रोत अलग-अलग हैं। शुद्धिकरण अनुष्ठानों में रूप भेद है। लेकिन इन भेदों को छोड़ दें तो आदिम और प्राचीन समाज दोनों में प्रदूषण और शुद्धिकरण का स्वरूप एक ही है।

मिस्र की शुद्धिकरण प्रणाली की आदिम प्रणाली से तुलना करने पर कोई अंतर नहीं है, सिवाय इसके कि मिस्र में इसका विस्तृत रूप में प्रयोग किया जाता था।

यूनानियों में अशुद्धता के कारण थे रक्तपात, भूत की उपस्थिति और मृत्यु के साथ संपर्क, संभोग, बच्चे का जन्म, शरीर की निकासी, मटर-सूप, पनीर और लहसुन जैसे कुछ खाद्य पदार्थों का सेवन, अनधिकृत व्यक्तियों की पवित्र स्थानों में घुसपैठ और, कुछ परिस्थितियों में, अभद्र भाषा और झगड़ा। शुद्धिकरण के साधन, जिन्हें आमतौर पर यूनानियों द्वारा काओपोइया कहा जाता था, वे थे पवित्र जल, गंधक, प्याज, धूमन और आग, धूप, कुछ

टहनियाँ और अन्य वनस्पति पदार्थ, तारकोल, ऊन, कुछ पत्थर और ताबीज, धूप और सोना जैसी चमकीली चीजें, बलि दिये गए जानवर, खासकर सुअर और उसमें भी विशेष रूप से रक्त और त्वचा; अंत में, कुछ त्योहार और त्योहार की रस्में विशेष रूप से श्राप और बलि का बकरा की रस्म। एक अनोखा तरीका था प्रदूषित व्यक्ति के बाल काटना या देवता को बलि चढ़ाना।

प्रदूषण और शुद्धिकरण की रोमन धारणा की एक उल्लेखनीय विशेषता भौगोलिक और सामुदायिक प्रदूषण और शुद्धिकरण के विश्वास में पाई जाती है। देश के जिले (पागी) में कुछ कुछ अवधि पर किया जाने वाला शुद्धिकरण अनुष्ठान घर के लस्ट्रेशियो (lustratio) के समानांतर होता था। सनेजतंजपव चंहप में इसकी सीमाओं के चारों ओर एक धार्मिक जुलूस निकाला जाता था और बलि दी जाती थी। ऐसा लगता है कि प्राचीन काल में शहर की दीवारों के चारों ओर इसी तरह का एक जुलूस निकलता था, जिसे amburbium कहा जाता था। ऐतिहासिक समय में शहर का विशेष शुद्धिकरण तब किया जाता था जब किसी विपदा में इसकी आवश्यकता होती थी, उदाहरण के लिए द्वितीय प्यूनिक युद्ध में शुरुआती आपदाओं के बाद ऐसे सभी प्रायश्चितों का उद्देश्य देवताओं के साथ सामंजस्य स्थापित करना था। किसी उपनिवेश की नींव रखने के साथ शुद्धिकरण समारोह होता था। सीमाओं की सुरक्षा करने वाले थर्मिनालिया, और शहर में सड़कों के कॉम्पिटलिया भी शायद अपने मूल में शुद्धिकरण समारोह थे। बाद की अवधि तक, लुपरसी (Luperci) नामक पुरोहित प्रारंभिक रोम की सीमाओं में परिक्रमा करते थे, जो कि पैलेटिनेट पर बसा था। इससे पहले वहाँ एक वार्षिक औपचारिक जुलूस निकाला जाता था जो इस आदिम शहर के सबसे प्राचीन क्षेत्र की सीमाओं के चारों ओर घूमता था। इसका नेतृत्व अरवल ब्रदरहुड कहे जाने वाले पुरातन पुरोहित वर्ग द्वारा किया जाता था। इस समारोह को अम्ब्रावलिया (ambravalia) कहा जाता था और यह विशिष्ट रूप से शुद्धिमूलक था। लगता है,जब रोमन क्षेत्र का विस्तार किया गया, तो इस शुद्धिकरण संस्कार का कोई समानान्तर विस्तार नहीं किया गया। शुद्धि के लिये चारों ओर घूमने वाले ऐसे जुलूस अन्यत्र भी, इटली के अंदर

और साथ ही इटली के बाहर और विशेष रूप से ग्रीस में आम थे। शुद्ध उच्चारण के साथ सही ढंग से किये गए पारम्परिक मंत्रोच्चारण के गम्भीर शब्दों और प्रार्थनाओं का, ऐसा लगता है कि एक प्रकार का जादुई असर होता था। इन रूपों के उच्चारण में हुई किसी भी त्रुटि में सुधार करना आवश्यक होता था, जैसे कि शुरुआती रोमन कानूनी प्रणाली में, स्थापित मौखिक रूपों के गलत उच्चारण से मुकदमे की हानि होती थी।

इन विलक्षण प्राचीन अनुष्ठानों के अन्य रूप भी थे जो शुद्धिमूलक विचारों से जुड़े थे। सैलियाइ (Salii), 'मंगल ग्रह के प्राचीन पुजारी', एक निश्चित समय पर शहर के कई स्टेशनों के चक्कर लगाते थे। वे 'हथियारों की सफाई' और 'तुरही की सफाई' भी करवाते थे जो एक आदिम धारणा पर आधारित थी कि सेना के हथियारों की दक्षता के लिए शुद्धिकरण की आवश्यकता होती है। जिस 'धुलाई' (lustrum) के साथ जनगणना समाप्त होती थी, वह अनिवार्य रूप से सैन्य थी; क्योंकि यह कॉमिटिया सेंचुरियाटा से जुड़ी हुई थी, जो केवल नागरिक वेश में सेना थी। जब सेना मैदान में होती थी तब शुद्धि अभ्यास (Lustratio exercitus) हमेशा आयोजित किये जाते थे, ताकि उस अंधविश्वासी भय को दूर भगाया जा सके जो कभी-कभी उस पर हमला करता था, अन्य अवसरों पर यह केवल रोगनिरोधी होता था। बेड़ों का भी शुद्धिकरण होता था।

सभी आदिम लोगों की तरह यहूदियों में भी अपवित्रता की धारणा विद्यमान थी। अपवित्रता की उनकी धारणा की मुख्य विशेषता यह विश्वास था कि अपवित्रता अशुद्ध जानवरों के शव के संपर्क में आने से, शव को खाने से या रेंगने वाली चीजों के संपर्क में आने से, या रेंगने वाली चीजों को खाने से और ऐसे जानवरों के संपर्क में आने से होती है जो हमेशा अशुद्ध होते हैं जैसे "हर जानवर जिसका खुर फटा होता है, और जिसके न तो दो शाखाओं वाला पैर होता है, न ही जुगाली करता है... जो कुछ भी उसके पंजों के ऊपर से जाता है, सभी तरह के जानवरों में जो चारों पैरों से चलते हैं।" किसी अशुद्ध व्यक्ति से संपर्क करना भी यहूदियों के लिए अशुद्धता थी। अपवित्रता की यहूदी धारणा की दो अन्य मुख्य विशेषताओं

का उल्लेख किया जा सकता है। यहूदियों का मानना था कि लोगों की अशुद्धता मूर्तिपूजा प्रथाओं द्वारा या भूमि की अशुद्धता लोगों की यौन अशुद्धियों के कारण हो सकती है।

इस सर्वेक्षण के आधार पर, हम बिना किसी आशंका के यह निष्कर्ष निकाल सकते हैं कि ऐसी कोई भी आदिम या प्राचीन जाति नहीं है जिसमें अशुद्धि की धारणा मौजूद नहीं थी।

संदर्भ सूची

1. गैर-हिंदुओं के बीच अशुद्धि से संबंधित तथ्य "हेस्टिंग्स एनसाइक्लोपीडिया ऑफ रिलिजन एंड एथिक्स", वॉल्यूम X, लेखः शुद्धिकरण, पृ. 455-504 से लिये गए हैं।

अध्याय - 2

हिन्दुओं में अस्पृश्यता

अशुद्धि के मामले में हिंदुओं को आदिम या प्राचीन लोगों से अलग करने के लिए कुछ भी नहीं है। वे अशुद्धि को मानते थे, यह मनुस्मृति से बहुत स्पष्ट है। मनु, भौतिक अशुद्धि को भी मानते हैं और मानसिक अशुद्धि को भी।

मनु ने जन्म[1], मृत्यु और मासिक धर्म[2] को अशुद्धता के स्रोत के रूप में माना। मृत्यु के संबंध में, अशुद्धि अपनी सीमा में बहुत व्यापक थी। इसमें सगोत्रता के नियम का पालन किया जाता था। मृत्यु के कारण मृत व्यक्ति के परिवार के सदस्यों को, जिन्हें तकनीकी रूप से सपिंड और समानोदक कहा जाता है, अशौच मानना होता था। इसमें न केवल मातृ पक्ष के सम्बन्धी जैसे मामा[3] बल्कि दूर-दराज के रिश्तेदार भी शामिल थे।[4] यह गैर-रिश्तेदारों तक भी जाता था, जैसे 1. शिक्षक[5], 2. शिक्षक के पुत्र[6], 3. शिक्षक की पत्नी[7], 4.शिष्य[8], 5. साथी छात्र[9], 6. श्रोत्रिय[10], 7. राजा[11], 8. मित्र[12], 9. घर के सदस्य[13], 10. शव को ले जाने वाले[14], और 11. शव को स्पर्श करने वाले।[15]

अशुद्धता की सीमा के भीतर कोई भी इससे बच नहीं सकता था। केवल कुछ लोग थे जिन्हें छूट दी गई थी। निम्नलिखित श्लोकों में मनु उनका नाम लेते हैं और बताते हैं कि वे उन्हें क्यों छूट दी गई है-

"V.93. अशुद्धि का दोष राजाओं को नहीं लगता है और उनको भी जो किसी व्रत या सत्र के अनुष्ठान में लगे होते हैं; क्योंकि पहले वाले

भारत के सिंहासन पर विराजमान हैं, और (अंतिम दो) ब्रह्म की तरह हमेशा शुद्ध हैं।

94. महिमामंडित सिंहासन पर विराजमान एक राजा के लिए तत्काल शुद्धि निर्धारित की जाती है, और इसका कारण यह है कि वह (अपनी) प्रजा की रक्षा के लिए (वहां) विराजमान होता है।

95. (यही नियम उन लोगों के संबंधियों पर भी लागू होता है) जो किसी दंगे या लड़ाई में मारे गए हों, बिजली से या राजा द्वारा (मारे गए हों), और गायों और ब्राह्मणों के लिए, और जिनको राजा शुद्ध रखना चाहता है (अशुद्धता के बावजूद)।

96. एक राजा विश्व के आठ संरक्षक देवताओं, चंद्रमा, अग्नि, सूर्य, पवन, इंद्र, धन और जल के स्वामी (कुबेर और वरुण) और यम का अवतार है।

97. क्योंकि राजा विश्व के उन स्वामियों द्वारा परिव्याप्त है, उसके लिए कोई अशुद्धता निर्धारित नहीं की गई है और नश्वर लोगों की अशुद्धता विश्व के उन स्वामियों द्वारा उत्पन्न और दूर की जाती है।"

इससे यह स्पष्ट है कि राजा, मनु द्वारा निर्धारित किसी महान कारण से मरे हुए लोगों के रिश्तेदार और जिन लोगों को राजा ने छूट देने के लिए चुना है, वे अशुद्धता के सामान्य नियमों से प्रभावित नहीं होते। मनु के इस कथन को कि ब्राह्मण 'सदा शुद्ध' होते हैं, ब्राह्मण को हर चीज से ऊपर रखने के सामान्य अर्थ में समझा जाना चाहिए। इसका अर्थ यह नहीं समझना चाहिए कि ब्राह्मण अशुद्धि से मुक्त था। क्योंकि ऐसा नहीं था। वास्तव में, जन्म और मृत्यु से अशुद्ध होने के अलावा ब्राह्मण को उन आधारों पर भी अशुद्धता का सामना करना पड़ता था जो गैर-ब्राह्मणों को प्रभावित नहीं करते। मनुस्मृति उन वर्जनाओं से भरी हुई है जो केवल ब्राह्मणों को प्रभावित करती है और जिनका उसे पालन करना चाहिए और जिनका पालन करने में विफलता उसे अशुद्ध बनाती है।

मनु में अशुद्धता का विचार वास्तविक है न कि केवल काल्पनिक। क्योंकि वह अशुद्ध मनुष्य के दिए हुए भोजन को ग्राह्य नहीं मानते।

मनु अशुद्धता की अवधि भी निर्धारित करते हैं। ये बदलती रहती हैं। सपिण्ड की मृत्यु के लिए दस दिन हैं। बच्चों के लिए तीन दिन। साथी छात्र के लिए एक दिन। नियत काल के बीत जाने मात्र से अशुद्धता नहीं मिटती। अवधि के अंत में अवसर के लिए उपयुक्त एक शुद्धिकरण अनुष्ठान किया जाना चाहिए।

शुद्धिकरण के लिए मनु अशुद्धि के पात्र को तीन पहलुओं से देखते हैं: 1. शारीरिक अशुद्धि, 2. कल्पित या मनोवैज्ञानिक अशुद्धि, और (3) नैतिक अशुद्धि। नैतिक अशुद्धि, जो तब होती है जब एक व्यक्ति बुरे विचारों को मन में लाता है, की शुद्धि के लिए नियम[16] और अधिक चेतावनी तथा उपदेश हैं। लेकिन कल्पित और शारीरिक अशुद्धि को दूर करने के अनुष्ठान एक समान ही हैं। उनमें जल[17], पृथ्वी[18], गोमूत्र[19], कुश[20] और राख[21] का उपयोग शामिल है। पृथ्वी, गोमूत्र, कुश और राख निर्जीव वस्तुओं के स्पर्श के कारण होने वाली शारीरिक अशुद्धियों को दूर करने के लिए शुद्धिकरण कारकों के रूप में निर्धारित हैं। कल्पित अशुद्धियों को दूर करने के लिए जल मुख्य कारक है। इसका उपयोग तीन तरीकों से किया जाता है (1) आचमन, (2) छिड़काव, और (3) स्नान।[22] बाद में पंचगव्य कल्पित अशुद्धि को दूर करने के लिए सबसे महत्वपूर्ण साधन बन गया। इसमें गाय के पांच उत्पादों दूध, मूत्र, गोबर, दही और मक्खन का मिश्रण होता है।

मनु में दूसरे के माध्यम से[23] अर्थात्, गाय के स्पर्श या जल आचमन कर सूर्य को देखने से भी अशुद्धि से छुटकारा पाने का प्रावधान है।

हिन्दू व्यक्तिगत अशुद्धि के अलावा क्षेत्रगत तथा सामुदायिक अशुद्धि और शुद्धिकरण में भी विश्वास करते थे, ठीक उसी तरह जैसे ये प्रारंभिक रोमनों में प्रचलित थे। हर गांव में एक वार्षिक जात्रा होती थी। एक पशु, आम तौर पर एक भैंसा, गांव की ओर से खरीदा जाता था। पशु को गाँव के चारों ओर ले जाया जाता था और उसकी बलि दी जाती थी, गाँव के

चारों ओर खून छिड़का जाता था और अंत में ग्रामीणों के बीच मांस का वितरण किया जाता था। प्रत्येक हिन्दू, प्रत्येक ब्राह्मण चाहे वह मांस न भी खाता हो, अपने हिस्से का मांस स्वीकार करने के लिए बाध्य था। किसी भी स्मृति में इसका उल्लेख नहीं है, लेकिन इस रिवाज की मंजूरी हिंदुओं के बीच इतनी मजबूत थी कि यह हमेशा कानून से आगे निकल जाती थी।

द्वितीय

यदि बात यहीं समाप्त हो जाती, तो कहा जा सकता था कि हिंदुओं में प्रचलित अशुद्धता की धारणा आदिम और प्राचीन समाजों में व्याप्त धारणा से अलग नहीं है। लेकिन बात यहीं खत्म नहीं होती। क्योंकि अस्पृश्यता का एक और रूप हिंदुओं में देखा जाता था जो अभी तक बताया नहीं गया है। यह है कुछ समुदायों की वंशानुगत अस्पृश्यता। ऐसे समुदायों की सूची इतनी विशाल है कि किसी व्यक्ति के लिए बिना किसी सहायता के एक विस्तृत सूची संकलित करना कठिन होगा। सौभाग्य से ऐसी सूची 1935 में भारत सरकार द्वारा तैयार की गई थी और 1935 के भारत सरकार अधिनियम के तहत जारी किए गए ऑर्डर-इन-काउंसिल से जुड़ी हुई है। इस ऑर्डर-इन-काउंसिल में एक अनुसूची संलग्न है। अनुसूची को नौ भागों में बांटा गया है। एक भाग एक प्रांत को संदर्भित करता है और उन जातियों, नस्लों या जनजातियों या भागों या समूहों की गणना करता है जिन्हें उस प्रांत में या तो उस पूरे प्रांत या उसके किसी हिस्से में अछूत माना जाता है। सूची को संपूर्ण और प्रामाणिक दोनों के रूप में लिया जा सकता है। हिंदुओं द्वारा वंशानुगत अछूत माने जाने वाले समुदायों की विशाल संख्या का एक अनुमान देने के लिए मैं परिषद् के आदेश में दी गई सूची को नीचे पुनः प्रस्तुत करता हूँ।

अनुसूची

भाग I. मद्रास

(1) पूरे प्रांत में अनुसूचित जातियां:-

आदि-आंध्र	गोसांगी	पैदी
आदि-द्रविड़	हदी	पेंदा
आदि-कर्नाटक	हसला	पाकी
अजिला	होलेया	पल्लन
अरुणथुथियार	जग्गली	पंबाडा
बैरा	जम्बुवुलु	पामिडी
बकुडा	कल्लदी	पंचम
बंदी	कनक्कन	पनियान
बारिकी	कोडलो	पन्नियांडी
बट्टादा	कूसा	परैयां
बावुरी	कोरगा	परवन
बेलारा	कुदुम्बन	पुलायन
ब्यगारी	कुरावन	पुथिराई वनन
चचती	मदारी	रानेयार
चक्किलियां	मडिगा	रेली
चालवाड़ी	मैला	समगार
चमार	माला	सांबन
चांडाल	माला	दासु सपारी
चेरुमन	मातंगी	सेमन
दंडसी	मोगर	थोटी
देवेंद्रकुलथन	मुची	तिरुवल्लुवर
घासी	गुंडाला	वल्लुवन
गोडागली	नलकयवा	वाल्मीकि
गोदारी	नयादी	वेट्टुवन
गोड्डा	पागा	दाई

(2) प्रांत की विधान सभा के लिए पिछड़े क्षेत्रों और पिछड़ी जनजातियों के प्रतिनिधि के चुनाव के लिए भारत सरकार अधिनियम, 1935 के तहत गठित किसी विशेष निर्वाचन क्षेत्र को छोड़कर पूरे प्रांत में अनुसूचित जातिः-

अरनादन	कट्टुनायकन	कुरुमन
डोंबो	कुड़िया	मालासर
कदन	कुडुबी	माविलन
करीमपालन	कुरिच्छन	पानो

भाग II. बॉम्बे

अनुसूचित जातिः-

(1) पूरे प्रांत मेंः-

असोदी	ढोर मंग	गरुड़ी
बकड	गारोड	मघवाल, या मेंघवार
भांबी	हालीर	मिनी मैडिग
भंगी	हलसर, या हस्लर	मुकरी चक्रवद्य-दशर
		हुलसावर नादिया
चालवाड़ी	होलाया	शेनवा, या शिंधव
चंभर, या	खलपा,	शिंगदाव, या
मोचीगर, या	कोलचा, या	शिंगद्या
समागर	कोलघा	सोची
चेना-दसरू	कोली-धोर	टिमली
चुहार,या चुहरा	लिंगादेर	तुरी
डाकलेरु	मैडिग, या मंग	वनकर
धेड	महार	विठोलिया
धेगू-मेगू		

(2) अहमदाबाद, कैरा, ब्रोच और पंच महल और सूरत जिले को छोड़कर पूरे प्रांत में - मोची

(3) कनारा जिले में- कोटेगर

भाग III. बंगाल

पूरे प्रांत में अनुसूचित जातियां:-

अगरिया	भूमिज	गोनरी
बागड़ी	बिंद	हादी
बहेलिया	बिंझिया	हाजंग
बैती	चमार	हलालखोर
बउरी	धनकार	हरि
बेदिया	धोबा	हो
बेलदार	दोई	जालिया कैबर्त
बेरूआ	डोम	झालो मालो, या मालो
भाटिया	दोसाध	कादर
भुईमाली	गारो	कल्पहरिया
भुइया	घासी	कान
कंध	लोढ़ा	उरांव
कंदरा	लहोर	पलिया
कौरा	महली	पान
कपूरिया	माई	पासी
करेंगा	महार	पटनी
काष्ठ	मल्लाह	पोड
कौर	मेच	राभा
खैरा	मेहतर	राजबंशी
खटिक	मुची	रजवार
कोच	मुंडा	संथाल
कोनाई	मुसहर	सुनरी
कोनवर	नगेसिया	तियार
कोरा	नमसूद्र	तूरी
कोटल	नट	
लालबेगी	नुनिया	

भाग IV. संयुक्त प्रांत

अनुसूचित जातिः-

(1) पूरे प्रांत में:-

अगरिवा	चमार	खरवार
अहेरिया	चेरो	(बेनबंसी छोड़कर)
बादी	डाबगर	खटिक
बधिक	धनगर	कोल
बहेलिया	धनुक (भंगी)	कोरवा
बजनिया	धारकर	लालबेगी
बज्जी	धोबी	मझावर
बलहार	डोम	नट
बाल्मीकि	डोमर	पंखा
बनमानस	घरामी	परहिया
बंसफोर	घसिया	पासी
बरवार	गुआल	पटारी
बसोर	हबुरा	रावत
बावरिया	हरि	सहरिया
बेलदार	हेला	सनौरहिया
बंगाली	खैराहा	संसिया
बेरिया	कलाबाज	शिल्पकार
भंटू	कंजर	थारू
भुइया	कपरिया	तुरैहा
भुइयार	करवाल	
बोरिया	खरोत	

(2) आगरा, मेरठ और रोहिलखंड डिवीजनों को छोड़कर पूरे प्रांत में-कोरी।

भाग V. पंजाब

पूरे प्रांत में अनुसूचित जातियां:-

अड धर्मिस	मरिजा, या मरेचा	खटिक
बावरिया	बंगाली	कोरी
चमार	बरार	नट
चुहरा, या बाल्मीकि	बाजीगर	पासी
दागी और कोली	भांजरा	पेरना
धूमना	चनल	सेपेला
ओड	धनक	सिरकीबंद
सांसी	गागरा	मेघा
सरेरा	गांधीला	रामदास

भाग VI. बिहार

अनुसूचित जाति:-

(1) पूरे प्रांत में:-

चमार	हललखोर	मोची
चौपाल	हरि	मुसहर
धोबी	कंजर	नट
दुसाध	कुरारियार	पासी
डोम	लालबेगी।	

(2) पटना एवं तिरहुत संभाग तथा भागलपुर, मुंगेर, पलामू एवं पूर्णिया जिलों में:-

बाउरी	भूमिज	रजवार
भोगता	घासी	तुरी
भौया पान		

(3) मानभूम जिले के धनबाद उप-मंडल और मध्य मानभूम सामान्य ग्रामीण निर्वाचन क्षेत्र, और पुरुलिया और रघुनाथपुर नगर पालिकाओं में: -

बाउरी	घासी	रजवार

भोगता	पान	तुरी
भुइया		

भाग VII. मध्य प्रांत और बरार

अनुसूचित जाति	*इलाके*
बसोर, या बुरुड़	पूरे प्रांत में
चमार	
डोम	
गंडा	
मांग	
मेहतर या भंगी	
मोची	
सतनामी	

अनुसूचित जाति	*इलाके*
औढेलिया	बिलासपुर जिले में.
बहना	अमरावती जिले में
बलही, या बलाई	बरार संभाग और बालाघाट में, भंडारा बेलूल, चांदा, छिंदवाड़ा, होशंगाबाद, जबलपुर, मांडला, नागपुर, निमाड़, सागर और वर्धा जिले।
बेदार	अकोला, अमरावती और बुलढाणा जिलों में।
चादर	भंडारा और सागर जिले में
चौहान	दुर्ग जिले में.
दहायत	सागर जिले के दमोह अनुमंडल में.
देवर	बिलासपुर, दुर्ग और रायपुर जिलों में।
धनुक	दमोह अनुमंडल को छोड़कर सागर जिले में

धीमर	भंडारा जिले में।
धोबी	भंडारा, बिलासपुर, रायपुर और सागर जिले में और होशंगाबाद जिले की होशंगाबाद और सिवनी–मालवा तहसीलें
दोहर	बरार संभाग व बालाघाट में भंडारा, चंदा, नागपुर और वर्धा जिले।
घसिया	बरार संभाग में और बालाघाट में, भंडारा, बिलासपुर, चंदा, दुर्ग, नागपुर, रायपुर और वर्धा
होलिया	बालाघाट और भंडारा
जंगम	भंडारा जिले में।
कैकरी	बरार संभाग में, और भंडारा, चंदा, नागपुर में और वर्धा जिले।
कटिया	बरार संभाग में बालाघाट, बैतूल, भंडारा बिलासपुर, चंदा, दुर्ग, नागपुर, निमाड़, रायपुर और वर्धा जिले, होशंगाबाद और सिवनी में– होशंगाबाद जिले की मालवा तहसील में, छिंदवाड़ा जिले में, सिवनी अनुमंडल को छोड़कर और सागर जिले में तत्सम्बन्धी, और सागर जिले में दमोह अनुमंडल को छोड़कर।
खंगार	भदरा, बुलढाणा और सागर जिलों में और होशंगाबाद जिले की होशंगाबाद और सिवनी मालवा तहसील।
खटीक	बरार संभाग में बालाघाट, भंडारा, चंदा, नागपुर और वर्धा जिलों में, होशंगाबाद जिले की होशंगाबाद तहसील में छिंदवाड़ा जिला, सिवनी उप को छोड़कर इसके विभाजन और सागर जिले में, इसके दमोह उप–मंडल को छोड़कर।
कोली	भंडारा और चंदा जिले
कोरी	अमरावती, बालाघाट, बैतूल, भंडारा, बुलढाणा, छिंदवाड़ा, जबलपुर, मांडला, निमाड़, रायपुर और

	सागर जिले, और होशंगाबाद जिले में, हरदा और सोहागपुर तहसीलों को छोड़कर।
कुम्हार	भंडारा और सागर जिले में और होशंगाबाद जिले की होशंगाबाद और सिवनी-मालवा तहसील।
मडगी	बरार संभाग में और बालाघाट, भंडारा में, चंदा, नागपुर और वर्धा जिले।
माला	बालाघाट, बैतूल, छिंदवाड़ा, होशंगाबाद, जबलपुर, मांडला, निमाड़ और सागर जिले
मेहरा या महार	होशंगाबाद जिले की हरदा और सोहागपुर तहसील को छोड़कर पूरे प्रांत में
नागरची	बालाघाट, भंडारा, छिंदवाड़ा, मांडला, नागपुर और रायपुर जि.
ओझा	बालाघाट, भंडारा और मांडला जिले में और होशंगाबाद जिले की होशंगाबाद तहसील में
पंका	बरार संभाग में बालाघाट, भंडारा, बिलासपुर, चंदा, दुर्ग, नागपुर, रायपुर, सागर और वर्धा जिले और छिंदवाड़ा जिले में, उसके सिवनी अनुमंडल को छोड़कर
पारधी	होशंगाबाद के नरसिंहपूरा अनुमंडल में
प्रधान	बरार संभाग में भंडारा, चंदा, नागपुर में, सिवनी अनुमंडल को छोड़कर निमाड़, रायपुर और वर्धा जिले और छिंदवाड़ा जिले में।
रज्जर	होशंगाबाद जिले की सोहागपुर तहसील में

भाग VII. असम

अनुसूचित जातिः-

(1) असम घाटी में:-

नमसुद्र	हीरा	मचतार, या भंगी
कैबर्त	लालबेगी	बंसफोर

बनिया, या ब्रितिअल-बनिया।

(2) सूरमा घाटी में:-

माली, या भुईमाली	सूत्रधार	कैबर्त, या जलिया
धूपी, या धोबी	मुची	लालबेगी
दुगला, या ढोली	पत्नी	मेहतर, या भंगी
झालो या मालो	नामशूद्र	बंसफोर
महार		

भाग VII. उड़ीसा

अनुसूचित जाति:-

(1) पूरे प्रांत में:-

आदि-आंध्र	चमार	घुसुरिया
ऑडेलिया	चांडाल	गोडागली
बारिकी	दंडसी	गोदारी
बंसर, या बुरुड	देवर	गोदरा
बावुरी	धोबा या धोबी	गोखा
चचती	गंडा	हद्दी, या हरि
इरिका	माला	पंचम
जग्गली	माँग	पंक
कंदरा	मंगन	रेली
कटिया	मेहरा, या महार	सपारी
केला	मेहतर, या भंगी	सतनामी
कोडलो	मोची या मुची	सियाल
मदारी	पैदी	वाल्मीकि
मड़िगा पेंदा		
महुरिया पामिडी		

(2) खोंडगाल जिले, संबलपुर जिले और भारत सरकार (उड़ीसा का संविधान) आदेश, 1936 के प्रावधानों के तहत मद्रास प्रेसीडेंसी के विजागपट्टम और गंजम एजेंसियों से उड़ीसा को हस्तांतरित क्षेत्रों को छोड़कर पूरे प्रांत में:-

पैन, या पैनो।

(3) खोंडमाल जिले और उक्त एजेंसियों से उड़ीसा को हस्तांतरित क्षेत्रों को छोड़कर पूरे प्रांत मेंः-

डोम, या डंबो।

(4) संबलपुर जिले को छोड़कर पूरे प्रांत मेंः-

बौरो	भूमिज	तुरी
भुइया	घासी, या घासिया	

(5) संबलपुर जिले के नवापारा अनुमंडल मेंः-

कोरी	नागरची	प्रधान

यह बहुत ही भयावह सूची है। इसमें 429 समुदाय शामिल हैं। संख्या में कहें तो आज भारत में 50-60 लाख लोग मौजूद हैं जिनके स्पर्श मात्र से हिंदुओं को प्रदूषण होता है। निश्चित रूप से आदिम और प्राचीन समाज के बीच अस्पृश्यता का होना लाखों लोगों के लिए वंशानुगत अस्पृश्यता की इस घटना के सामने महत्वहीन हो जाती है, जो हम भारत में पाते हैं। हिन्दुओं में इस प्रकार की अस्पृश्यता अपने आप में एक अनोखी घटना है। विश्व के इतिहास में इसकी कोई उपमा नहीं है। यह न केवल इसमें शामिल विशाल संख्या के कारण अद्वितीय है जो एशिया और यूरोप में कई महान देशों की संख्या से अधिक है बल्कि अन्य आधारों पर भी है।

429 अस्पृश्य समुदायों को प्रभावित करने वाली अस्पृश्यता की हिंदू प्रणाली की कुछ उल्लेखनीय विशेषताएं हैं जो गैर-हिंदू समुदायों, आदिम या प्राचीन में प्रचलित अस्पृश्यता की प्रथा में नहीं पाई जाती हैं।

गैर-हिंदू समाजों द्वारा अपवित्रता के प्रति सुरक्षा के रूप में निर्धारित अलगाव, यदि तर्कसंगत नहीं, तो कम से कम समझ में आता है। यह जन्म, विवाह, मृत्यु आदि जैसे निर्दिष्ट कारणों के लिए है, लेकिन हिंदू समाज द्वारा निर्धारित अलगाव स्पष्ट रूप से बिना किसी कारण के है।

आदिम समाज द्वारा बरती गई अशुद्धता एक अस्थायी अवधि की होती थी जो विशेष समय के दौरान बरती जाती थी जैसे कि प्राकृतिक कार्यों के लिये, जैसे खाना, पीना, आदि या व्यक्ति के जीवन में किसी प्राकृतिक

संकट जैसे जन्म, मृत्यु, मासिक धर्म, आदि। मलिनता की अवधि समाप्त होने के बाद और शुद्धिकरण समारोह किए जाने के बाद मलिनता गायब हो जाती थी और व्यक्ति शुद्ध और मिलने योग्य बन जाता था। लेकिन भारत के 50-60 मिलियन अस्पृश्यों की अशुद्धता, जन्म, मृत्यु आदि से उत्पन्न होने वाली अशुद्धता के विपरीत, स्थायी हैं। जो हिंदू उन्हें छूते हैं और इस तरह प्रदूषित हो जाते हैं, वे शुद्धिकरण अनुष्ठानों से गुजरकर पवित्र हो सकते हैं। लेकिन ऐसा कुछ भी नहीं है जो अछूतों को शुद्ध बना सके। वे अपवित्र पैदा होते हैं, वे जीते-जी अपवित्र होते हैं, वे अपवित्रों की मृत्यु मरते हैं, और वे उन बच्चों को जन्म देते हैं जो अस्पृश्यता के कलंक के साथ पैदा होते हैं। यह स्थायी, वंशानुगत दाग का मामला है जिसे कोई भी साफ नहीं कर सकता।

तीसरे स्थान पर, गैर-हिंदू समाज, जो अपवित्रता में विश्वास करते थे, प्रभावित व्यक्तियों या अधिक से अधिक उनसे निकटता से जुड़े लोगों को अलग-थलग कर देते थे। लेकिन हिंदुओं में अस्पृश्यता में एक पूरे वर्ग का अलगाव हो गया है-एक वर्ग, जिसकी संख्या आज लगभग 50 से 60 मिलियन है।

चौथे स्थान पर, गैर-हिंदू समाज केवल प्रभावित व्यक्तियों को अलग-थलग कर देते थे। वे उन्हें अलग-अलग इलाकों में नहीं बसाते थे। हिंदू समाज अछूतों के अलगाव पर जोर देता है। हिंदू अछूतों के स्थानों में नहीं रहेंगे और अछूतों को हिंदू स्थानों के अंदर नहीं रहने देंगे। यह अस्पृश्यता की एक मूलभूत विशेषता है जो हिंदुओं में प्रचलित है। यह सिर्फ सामाजिक अलगाव, केवल एक अस्थायी अवधि के लिए सामाजिक संपर्क को रोकने का मामला नहीं है। यह प्रादेशिक अलगाव का मामला है और अशुद्ध लोगों को जैसे किसी कांटेदार तार के अंदर एक तरह के पिंजरे में बंद कर दिया गया है। प्रत्येक हिंदू गांव में एक बस्ती है। हिन्दू गाँव में रहते हैं और अछूत अपनी बस्ती में।

ऐसी है अस्पृश्यता की हिंदू व्यवस्था। कौन इस बात से इनकार कर सकता है कि यह गैर-हिंदू समाजों में जो कुछ पाया जाता है उससे

बिल्कुल अलग नहीं है? यह सवाल से परे है कि हिंदुओं में अस्पृश्यता एक अनोखी घटना है। व्यक्तियों को गैर-हिंदू समुदायों द्वारा अशुद्ध लेकिन व्यक्तियों के रूप में माना जाता था। कभी भी एक पूरे वर्ग को अपवित्र नहीं माना गया। लेकिन उनकी अशुद्धता एक अस्थायी अवधि की होती थी और कुछ शुद्धिकरण अनुष्ठान करने से ठीक हो जाती थी।

यह 'एक बार अशुद्ध तो हमेशा के लिए अशुद्ध' नियम के आधार पर स्थायी अशुद्धि का मामला कभी नहीं रहा। गैर-हिंदू समुदायों द्वारा व्यक्तियों को अपवित्र माना जाता था और उन्हें सामाजिक संपर्क से भी काट दिया जाता था। लेकिन लोगों को स्थायी अलगाव शिविरों में रखे जाने का मामला कभी नहीं आया। गैर-हिंदू समुदायों द्वारा भी लोगों के एक पूरे वर्ग को अपवित्र माना गया है। लेकिन वे अपनों के वर्ग से बाहर अजनबी होते थे। ऐसा कभी नहीं हुआ है कि लोग अपने ही लोगों के एक वर्ग को स्थायी और वंशानुगत रूप से अपवित्र मानते हों।

इस प्रकार हिंदुओं में अस्पृश्यता एक अनोखी घटना है, जो दुनिया के अन्य हिस्सों में मानवता के लिए अज्ञात है। ऐसा कुछ भी किसी अन्य समाज में नहीं पाया जाता है- आदिम, प्राचीन या आधुनिक।

अस्पृश्यता के अध्ययन से उत्पन्न होने वाली और जांच की मांग करने वाली कई समस्याओं को दो में घटाया जा सकता है:-

(1) अछूत गाँव के बाहर क्यों रहते हैं?

(2) किस बात ने उनकी अशुद्धता को स्थायी और अमिट बना दिया?

आनेवाले पृष्ठ इन दो सवालों के जवाब खोजने के लिए समर्पित हैं।

संदर्भ सूची

1. अध्याय V. 58, 61-63, 71, 77, 79.
2. अध्याय III, 45-46; IV 40-41, 57, 208; V. 66,85,108.
3. अध्याय V. 81.
4. अध्याय V. 78.
5. अध्याय V. 65, 80, 82.

6. अध्याय V. 80.
7. अध्याय V. 80.
8. अध्याय V. 81.
9. अध्याय V. 71.
10. अध्याय V. 81.
11. अध्याय V. 82.
12. अध्याय V. 82.
13. अध्याय V. 81.
14. अध्याय V. 64-65, 85.
15. अध्याय V. 64, 85.
16. अध्याय V. 105-109; 127-128
17. अध्याय V. 127
18. अध्याय V. 134-136
19. अध्याय V. 121, 124
20. अध्याय V. 115
21. अध्याय V. 111
22. अध्याय V. 143
23. अध्याय V. 87

भाग - 2

आवास की समस्या

अध्याय III. अछूत गाँव के बाहर क्यों रहते हैं?

अध्याय IV. क्या अछूत टूटे हुए लोग हैं?

अध्याय V. क्या समानान्तर मामले हैं ?

अध्याय VI. टूटे हुए लोगों के लिये अलग बस्तियाँ अन्यत्र कैसे गायब हो गई?

अध्याय - 3

अछूत गाँव के बाहर क्यों रहते हैं?

अछूत गांव से बाहर रहते हैं, यह एक इतना कुख्यात तथ्य है कि जिन लोगों को उनके बारे में बहुत गहरा ज्ञान नहीं है, उन्हें भी इसे संज्ञान में लेना चाहिए। फिर भी, किसी ने यह नहीं सोचा कि यह एक गंभीर प्रश्न है जिसके संतोषजनक उत्तर की आवश्यकता है। अछूत गांव से बाहर कैसे रहने लगे? क्या उन्हें पहले अछूत घोषित किया गया और फिर गाँव से बाहर निकाल कर बाहर रहने के लिए मजबूर किया गया? या वे शुरू से ही गांव से बाहर रह रहे थे और बाद में उन्हें अछूत घोषित कर दिया गया? यदि उत्तर यह है कि वे प्रारम्भ से ही गाँव से बाहर रह रहे थे तो एक और प्रश्न उठता है कि इसका क्या कारण हो सकता है?

क्योंकि अछूतों की अलग बस्ती का सवाल पहले कभी नहीं उठाया गया, स्वाभाविक रूप से इस बात का कोई सिद्धांत मौजूद नहीं है कि अछूत गांव के बाहर कैसे रहने लगे। बेशक, हिंदू शास्त्रों का दृष्टिकोण है और यदि कोई इसे सिद्धांत कहकर प्रतिष्ठित करना चाहता है तो ऐसा कर सकता है। शास्त्र निश्चित रूप से कहते हैं कि अंत्यजों को गांव के बाहर रहना और अपना निवास रखना चाहिये। उदाहरण के लिए, मनु कहते हैं:

"X. 51. लेकिन चांडालों और श्वपाकों के आवास गांव के बाहर होंगे, उन्हें अपपात्र बनाया जाना चाहिए और उनकी संपत्ति (होगी) कुत्ते और गधे।

X. 52. उनकी पोशाक (होगी) मृतकों के वस्त्र, (वे खाएंगे) टूटे हुए बर्तनों में अपना भोजन, काला लोहा (होगा) उनका आभूषण और उन्हें हमेशा एक स्थान से दूसरे स्थान पर घूमना चाहिए।

X. 53. एक व्यक्ति को जो किसी धार्मिक कर्तव्य को पूरा कर रहा है, उनके साथ संपर्क नहीं करना चाहिए; उनके लेन-देन आपस में और उनके विवाह उनके बराबर के साथ होंगे।

X. 54. उनका भोजन उन्हें दूसरों के द्वारा (आर्य द्वारा नहीं) टूटे हुए बर्तन में दिया जाएगा; वे रात को गाँवों और नगरों में न फिरें।

X. 55. दिन के समय वे राजा के आदेश पर निशानों द्वारा पहचाने जाते हुए अपने काम के उद्देश्य से आ-जा सकते हैं, और वे लाशों (व्यक्तियों के) को ले जाएंगे जिनके कोई रिश्तेदार नहीं हैं; यह एक स्थापित नियम है।

X. 56. राजा के आदेश से वे हमेशा कानून के अनुसार अपराधियों को फाँसी देंगे, और वे अपने लिए (ऐसे) अपराधियों के कपड़े, बिस्तर और गहने ले लेंगे।"

लेकिन शास्त्रों के इन कथनों से कोई क्या निष्कर्ष निकाल सकता है? उनकी दोहरी व्याख्या की जा सकती है। जब शास्त्र कहते हैं कि अछूतों को गाँव के बाहर रहना चाहिए, तो उनका तात्पर्य यह हो सकता है कि अछूतों को वहीं रहना चाहिए जहाँ वे रह रहे हैं, यानी गाँव के बाहर। यह एक व्याख्या है। दूसरी व्याख्या यह है कि जिन्हें अछूत घोषित किया गया है उन्हें गाँव के अंदर रहने की अनुमति नहीं दी जानी चाहिए, बल्कि उन्हें गाँव से बाहर जाकर बाहर रहना चाहिए। शास्त्रों की वैकल्पिक व्याख्याओं के बाद दो अलग-अलग संभावनाएँ हैं जिन पर विचार करने की आवश्यकता है। एक तो यह कि अस्पृश्यता का अस्पृश्यों के गांव से बाहर रहने से कोई लेना-देना नहीं है। वे शुरू से ही गांव से बाहर रहते थे। इसके बाद जब उन पर अस्पृश्यता का कलंक लगा तो उन्हें गांव के अंदर आकर रहने से रोक दिया गया। दूसरी संभावना यह है कि अस्पृश्यता का संबंध अस्पृश्यों के गांव से बाहर रहने से ही है। दूसरे शब्दों में, अस्पृश्य मूल रूप से गाँव

के अंदर रहते थे और उसके बाद जब अस्पृश्यता का कलंक उन पर पड़ा तो उन्हें गाँव खाली करने और गाँव से बाहर रहने के लिए मजबूर किया गया।

दोनों में से कौन सी संभावना अधिक स्वीकार्य है?

दूसरी संभावना स्पष्टतया बेतुकी और काल्पनिक है। इसके बेतुकेपन को उजागर करने के लिए एक तर्क ही काफी है। हम जिस परिघटना की चर्चा कर रहे हैं, वह किसी एक गांव या एक क्षेत्र तक सीमित नहीं है। यह पूरे भारत में मौजूद है। अस्पृश्यों का गांव के भीतर से गांव के बाहर स्थानांतरण एक विशाल प्रक्रिया है। ऐसे विशाल स्तर पर ये कार्यवाही कौन और कैसे कर सकता था? पूरे भारत पर अपना प्रभुत्व रखने वाले सम्राट की आज्ञा के बिना इसे पूरा नहीं किया जा सकता था। उसके लिए भी इस प्रकार का स्थानांतरण करना असंभव होता। लेकिन संभव हो या असंभव, यह किसी सम्राट का ही काम हो सकता था। कौन सा सम्राट था जिसे इस कार्य का श्रेय या कलंक दिया जा सकता है? जाहिर है, इस कार्य को करने के लिए भारत के पास कोई सम्राट नहीं था। यदि ऐसा स्थानांतरण करने के लिए कोई सम्राट नहीं था, तो दूसरी संभावना को छोड़ देना चाहिए।

यह कि अछूत कहलाने वाले लोग शुरू से ही, अछूत बनने से पहले से ही, गांव से बाहर रहते थे और बाद में अस्पृश्यता की मुहर लग जाने कारण वे गांव से बाहर ही रहने लगे, यही एकमात्र संभावना है जो विचार करने योग्य है। लेकिन इससे एक बड़ा मुश्किल सवाल उठ खड़ा होता है: वे गांव से बाहर क्यों रहते थे? उन्हें ऐसा करने के लिए किसने मजबूर किया या दबाब डाला? इसका उत्तर यह है कि दुनिया भर में आदिम समाज के आधुनिक समाज में रूपांतरण को प्रभावित करने के लिए समाजशास्त्र के छात्रों को ज्ञात कारकों के संबंध में यह मानना स्वाभाविक है कि अस्पृश्य शुरू से ही गांव के बाहर रहते आए होंगे।

आधुनिक समाज में आदिम समाज की स्थिति को प्रभावित करने वाले कारकों की कुछ व्याख्या के बिना बहुत से लोगों को यह एहसास नहीं होगा कि यह स्वाभाविक क्यों है। मामले की स्पष्ट समझ के लिए यह

ध्यान रखना आवश्यक है कि आधुनिक समाज आदिम समाज से दो तरह से भिन्न है। आदिम समाज में खानाबदोश समुदाय शामिल थे जबकि आधुनिक समाज में बसे हुए समुदाय शामिल हैं। दूसरे, आदिम समाज में रक्त संबंधों पर आधारित जनजातीय समुदाय शामिल थे। आधुनिक समाज में क्षेत्रीय संबद्धता के आधार पर स्थानीय समुदाय शामिल हैं। दूसरे शब्दों में, विकास की दो पंक्तियाँ हैं जिनके साथ आदिम समाज आधुनिक समाज में परिवर्तित होने से पहले आगे बढ़ा है। विकास की एक पंक्ति ने आदिम समाज को जनजातीय समुदाय से क्षेत्रीय समुदाय बनने के लिए प्रेरित किया है। इसमें कोई संदेह नहीं हो सकता कि ऐसा परिवर्तन हुआ है। परिवर्तन के स्पष्ट निशान राजाओं की आधिकारिक शैली में देखे जा सकते हैं। अंग्रेज राजाओं की शैली को ही लीजिए। किंग जॉन खुद को इंग्लैंड का राजा कहने वाले पहले व्यक्ति थे। उनके पूर्ववर्तियों ने आमतौर पर खुद को अंग्रेजों का राजा कहा। पहला एक क्षेत्रीय समुदाय का प्रतिनिधित्व करता है। बाद वाला एक आदिवासी समुदाय का प्रतिनिधित्व करता है। इंग्लैंड कभी वह देश था जिसमें अंग्रेज रहते थे। अंग्रेज अब वे लोग हैं जो इंग्लैंड में रहते हैं। उसी परिवर्तन को फ्रांसीसी राजाओं की शैली में भी देखा जा सकता है, जिन्हें कभी फ्रैंक्स के राजा और बाद में फ्रांस के राजा कहा जाता था। विकास की दूसरी पंक्ति ने आदिम समाज को एक खानाबदोश समुदाय से, जो वह पहले था, एक स्थायी समुदाय बनाया था। पुनः यहाँ, यह परिवर्तन इतना निश्चित और इतना प्रभावशाली है कि किसी को भी इसकी वास्तविकता को समझाने के लिए किसी उदाहरण की आवश्यकता नहीं है।

अपने उद्देश्य के लिए हमें यही करना है कि हम खुद को विकास की दूसरी पंक्ति के विचार तक सीमित रखें। आदिम समाज एक व्यवस्थित समुदाय कैसे बना? आदिम समाज कैसे एक व्यवस्थित समुदाय बन गया, इसकी कहानी इतनी लंबी है कि इसे एक अध्याय में नहीं बताया जा सकता – अध्याय के एक खंड में तो बिल्कुल नहीं। दो बातों का ध्यान रखना ही काफी है। पहली बात तो यह समझने की है कि आदिम समाज ने अपना खानाबदोश जीवन क्यों छोड़ा और दूसरे खानाबदोश से स्थिर जीवन में संक्रमण के दौरान क्या हुआ।

आदिम समाज निस्संदेह खानाबदोश था। लेकिन यह किसी प्रवासी प्रवृत्ति के कारण खानाबदोश नहीं था। न ही यह किसी विशिष्ट मानसिक विशेषता के कारण ऐसा था। यह इस तथ्य का परिणाम था कि आदिम समाज के पास संपत्ति का सबसे पहला रूप मवेशी था। आदिम समाज प्रवासी था क्योंकि इसकी संपत्ति, अर्थात् मवेशी प्रवासी थे। मवेशी नए चरागाहों की खोज में चलते जाते थे। आदिम समाज, मवेशियों के प्रति अपने प्रेम के कारण, जहाँ भी उसके मवेशी ले जाते थे, वहाँ जाते थे। आदिम समाज अपने निवास में तब स्थिर हुआ, दूसरे शब्दों में, एक स्थापित समुदाय बन गया, जब संपत्ति का एक नया रूप खोज लिया गया। संपत्ति का यह नया रूप था भूमि। यह तब हुआ जब आदिम समाज ने खेती करने और जमीन जोतने की कला सीखी। धन एक स्थान पर स्थिर हो गया जब यह मवेशियों से भूमि के रूप में बदल गया। इस परिवर्तन से आदिम समाज भी उसी स्थान पर बस गया।

यह बताता है कि आदिम समाज एक समय में खानाबदोश क्यों था और इसने व्यवस्थित जीवन कैसे अपनाया।

अगली बात उन घटनाओं पर ध्यान देना है जो उस समय घटीं जब आदिम समाज स्थिर समाज बनने की राह पर था। खानाबदोश जीवन से स्थिर जीवन में परिवर्तन के दौरान आदिम समाज को जिन समस्याओं का सामना करना पड़ा उनमें मुख्य रूप से दो समस्याएँ थीं। एक तो बसे हुए समुदाय के सामने थीं। दूसरी टूटे हुए आदमियों के सामने थीं। बसे हुए समुदाय के सामने जो समस्या थी वह खानाबदोश जनजातियों के खिलाफ अपनी रक्षा की थी। टूटे हुए आदमियों के सामने जो समस्या थी वह सुरक्षा और आश्रय की थी। यह स्पष्ट करना वांछनीय होगा कि ये समस्याएं कैसे और क्यों उत्पन्न हुईं।

बसी हुई जनजातियों के सामने जो समस्या थी, उसे समझने के लिए निम्नलिखित तथ्यों को ध्यान में रखना आवश्यक है। सभी कबीलों ने एक ही समय में स्थायी जीवन नहीं अपनाया। कुछ आबाद हो गए और कुछ खानाबदोश बने रहे। दूसरी बात याद रखने की यह है कि जनजातियाँ कभी

भी एक दूसरे के साथ शांति से नहीं रहीं। वे हमेशा युद्धरत रहते थे। जब सभी जनजातियाँ खानाबदोश स्थिति में थीं, तो उनके बीच युद्ध के मुख्य कारण थे (1) मवेशियों की चोरी, (2) महिलाओं की चोरी, और (3) अन्य जनजातियों से संबंधित चरागाहों में मवेशियों की चुपके से चराई। जब कुछ जनजातियाँ बस गई, तो खानाबदोश रहने वाली जनजातियों ने स्थायी जनजातियों के खिलाफ अपनी लड़ाई पर ध्यान केंद्रित करना अधिक लाभप्रद पाया। यह अन्य खानाबदोश जनजातियों के खिलाफ युद्ध की तुलना में अधिक लाभदायक था। खानाबदोश जनजातियों को यह एहसास हो गया था कि बसी हुई जनजातियाँ दोगुनी धनी थीं। खानाबदोश कबीलों की तरह उनके पास भी मवेशी थे। लेकिन मवेशियों के अलावा, उनके पास अनाज भी था, जो खानाबदोश जनजातियों के पास नहीं था और जिसे वे बहुत चाहते थे। घुमंतू जनजातियाँ उन व्यवस्थित जनजातियों के धन को चुराने के उद्देश्य से सुगठित होकर व्यवस्थित जनजातियों पर हमले करने लगीं। तीसरा तथ्य यह है कि इन हमलावरों से अपनी रक्षा करने में बसी हुई जनजातियाँ बहुत अक्षम थीं। अधिक लाभकारी व्यवसाय में लगे होने के कारण, बसी हुई जनजातियाँ हमेशा अपने हलों को तलवारों में परिवर्तित नहीं कर सकती थीं। न ही वे लोग अपने घरों को छोड़कर हमलावर कबीलों का पीछा करने जा सकते थे। इसमें कुछ भी आश्चर्य नहीं है। इतिहास बताता है कि वे लोग जिनके पास सभ्यता तो है, लेकिन रक्षा का कोई साधन नहीं, बर्बर लोगों के हमलों का सामना करने में सक्षम नहीं होते। इससे पता चलता है कि कैसे और क्यों संक्रमण काल के दौरान बसी हुई जनजातियों को अपनी रक्षा की समस्या का सामना करना पड़ा।

टूटे हुए आदमियों की समस्या कैसे पैदा हुई, यह समझना मुश्किल नहीं है। यह निरंतर जनजातीय युद्ध का परिणाम है जो आदिम अवस्था में जनजातियों का सामान्य जीवन था। कबीलाई युद्ध में अक्सर ऐसा होता था कि एक कबीला पूरी तरह खत्म होने के बजाय हार जाता था और उसका सफाया हो जाता था। कई मामलों में एक पराजित कबीला टुकड़ों में बंट गया। इसके परिणामस्वरूप आदिम काल में हमेशा एक घूमती हुई आबादी मौजूद थी जिसमें सभी दिशाओं में घूमने वाले टूटे हुए आदिवासियों के

समूह शामिल थे। यह समझने के लिए कि टूटे हुए आदमियों की समस्या को किसने जन्म दिया, यह महसूस करना आवश्यक है कि आदिम समाज मूल रूप से अपनी स्थापना में आदिवासी था। वह आदिम समाज मूल रूप से आदिवासी था जिसका मतलब दो चीजें थीं। सबसे पहले, आदिम समाज में प्रत्येक व्यक्ति एक जनजाति का था। बल्कि, वह जनजाति से संबंधित ही होना चाहिए था। जनजाति के बाहर किसी व्यक्ति का कोई अस्तित्व नहीं था। हो भी नहीं सकता था। दूसरे, जनजातीय संगठन के साझे रक्त और साझी रिश्तेदारी पर आधारित होने के कारण एक जनजाति में पैदा हुआ व्यक्ति किसी अन्य जनजाति में शामिल नहीं हो सकता था और इसका सदस्य नहीं बन सकता था। इसलिए, टूटे हुए लोगों को आवारा व्यक्तियों के रूप में रहना पड़ता था। आदिम समाज में जहां एक जनजाति दूसरी जनजाति के खिलाफ लड़ रही थी, टूटे हुए लोगों के एक झुण्ड पर हमेशा हमले का खतरा बना रहता था। उन्हें नहीं पता होता था कि आश्रय के लिए कहां जाना है। उन्हें नहीं पता होता था कि कौन उन पर हमला करेगा और वे किसके पास सुरक्षा के लिए जा सकते हैं। इसीलिए टूटे हुए आदमियों के लिए आश्रय और सुरक्षा समस्या बन गई।

आदिम समाज के विकास के पूर्वगामी सारांश से पता चलता है कि आदिम समाज के जीवन में एक समय था जब दो समूह अस्तित्व में थे- एक समूह जिसमें बसी हुई जनजातियाँ शामिल थीं, को ऐसे पुरुषों का एक संगठन बनाने की समस्या का सामना करना पड़ा जो निगरानी का काम करता और खानाबदोश जनजातियों के हमलावरों को मार भगाता और दूसरे समूह में पराजित जनजातियों के टूटे हुए पुरुष शामिल थे, जिन्हें कोई संरक्षक चाहिये था जो उन्हें भोजन और आश्रय देता।

अगला प्रश्न है: इन दोनों समूहों ने अपनी समस्याओं का समाधान कैसे किया? यद्यपि हमारे पास पुरातनता से आने वाले किसी समझौते का कोई दस्तावेज नहीं है, हम कह सकते हैं कि दोनों ने एक सौदा किया जिससे टूटे हुए आदमी बसे हुए लोगों के लिए निगरानी और बचाव का काम करने के लिए सहमत हो गए और बसी हुई जनजाति उन्हें भोजन और आश्रय देने के लिए सहमत हो गई। वास्तव में, यह अस्वाभाविक ही होता यदि दोनों

के बीच ऐसी व्यवस्था न की गई होती, खासकर जब एक के हित में दूसरे के सहयोग की आवश्यकता थी।

हालाँकि, सौदे को पूरा करने में एक कठिनाई उत्पन्न हुई होगी - आश्रय की। टूटे हुए आदमी कहाँ रहते? बसे हुए समुदाय के बीच या बसे हुए समुदाय के बाहर? इस प्रश्न का निर्णय करने में दो बातों की निर्णायक भूमिका रही होगी। एक तो रक्त संबंध का विचार, दूसरा रणनीति का विचार। आदिम धारणाओं के अनुसार केवल एक ही गोत्र, यानी एक ही रक्त के व्यक्ति ही एक साथ रह सकते थे। किसी जनजाति के घरों वाले क्षेत्र के अंदर किसी बाहरी को प्रवेश नहीं दिया जा सकता था। टूटे हुए आदमी बाहरी थे। वे एक ऐसी जनजाति के थे जो बसी हुई जनजाति से अलग थी। ऐसा होने के कारण, उन्हें बसी हुई जनजाति के बीच रहने की अनुमति नहीं दी जा सकती थी। सामरिक दृष्टि से भी यह वांछनीय था कि इन टूटे हुए लोगों को गाँव की सीमा पर रहना चाहिए ताकि शत्रु जनजातियों के आक्रमणों का सामना किया जा सके। ये दोनों विचार गाँव के बाहर उनका स्थान रखने के पक्ष में निर्णायक थे।

अब हम मुख्य प्रश्न पर लौट सकते हैं कि अस्पृश्य गांव से बाहर क्यों रहते थे? इस प्रश्न का उत्तर ऊपर बताई गई पंक्तियों के अनुसार खोजा जा सकता है। भारत में भी यही प्रक्रियाएँ हुई होंगी जब हिन्दू समाज का एक घुमंतू जीवन से एक बसे हुए ग्राम्य-समुदाय के जीवन में संक्रमण हो रहा था। आदिम हिंदू समाज में, बसी हुई जनजातियाँ और टूटे हुए आदमी रहे होंगे। बसी हुई जनजातियों ने गाँव की स्थापना की होगी और गाँव समुदाय का गठन किया होगा और टूटे हुए आदमी गाँव के बाहर अलग आवासों में रहते होंगे क्योंकि वे एक अलग जनजाति के थे और इसलिए अलग खून के थे। निश्चित रूप से कहें तो अस्पृश्य मूल रूप से टूटे हुए आदमी ही थे। क्योंकि वे टूटे हुए आदमी थे इसलिए वे गाँव के बाहर रहते थे।

इससे यह स्पष्ट होता है कि क्यों यह मान लेना स्वाभाविक है कि अस्पृश्य प्रारंभ से ही बाहर रहते थे और अस्पृश्यता का गाँव के बाहर उनके रहने से कोई लेना-देना नहीं है।

यह सिद्धांत इतना नवीन है कि आलोचक बिना अन्य पूछताछ किए संतुष्ट महसूस नहीं कर सकते हैं। वे पूछेंगे:-

(1) क्या यह बताने के लिए कोई तथ्यात्मक सबूत है कि अछूत टूटे हुए आदमी हैं?

(2) क्या इस बात का सबूत है कि ऊपर सुझाई गई लोगों के बसने की प्रक्रिया वास्तव में किसी देश में हुई है?

(3) यदि गाँव के बाहर रहने वाले टूटे हुए आदमी सभी समाजों की एक सार्वभौम विशेषता है, तो यह कैसे हो सकता है कि टूटे हुए लोगों के विभिन्न आवास भारत के बाहर गायब हो गए हैं लेकिन भारत में नहीं?

अध्याय - 4

क्या अछूत टूटे हुए लोग हैं?

इस प्रश्न के लिए कि: क्या अछूत अपने मूल में केवल टूटे हुए लोग हैं, मेरा उत्तर हां में है। यदि साक्ष्य की खोज की जाय तो इसका सकारात्मक उत्तर ही आएगा। इस मुद्दे पर प्रत्यक्ष साक्ष्य भी प्राप्त हो सकते थे यदि हिंदू गांवों में स्पृश्यों और अछूतों के कुलदेवताओं का अध्ययन किया गया होता। दुर्भाग्य से हिंदुओं और अछूतों के टोटेमिक संगठन का अध्ययन अभी तक नृविज्ञान के छात्रों द्वारा नहीं किया गया है। जब भी ऐसा आँकड़ा एकत्र किया जाएगा तो यह हमें इस अध्याय में उठाए गए प्रश्न पर निर्णायक राय देने में सक्षम बनाएगा। फिलहाल, मैं इस तरह की पूछताछ से संतुष्ट हूँ कि मैंने एक विशेष गांव के अछूतों के कुलदेवता को गांव के हिंदुओं के कुलदेवताओं से अलग पाया है।

हिंदुओं और अछूतों के बीच कुलदेवता में अंतर इस थीसिस के समर्थन में सबसे अच्छा सबूत होगा कि अछूत टूटे हुए लोग ही हैं जो ऐसी जनजाति से संबंधित हैं, जो कि ग्राम समुदाय में शामिल जनजाति से अलग है। हालाँकि, यह स्वीकार किया जा सकता है कि ऐसे प्रत्यक्ष साक्ष्य जो प्रश्न को प्रभावित करते हैं, एकत्र किया जाना बाकी है। किंतु ऐसे तथ्य बचे हुए हैं जो संकेत का काम करते हैं और जिनसे यह कहा जा सकता है कि अछूत टूटे हुए आदमी ही थे। ऐसे तथ्यात्मक साक्ष्य दो वर्गों में हैं।

तथ्यों के एक वर्ग में हिंदू शास्त्रों द्वारा कुछ समुदायों को दिए गए अंत्य, अंत्यज और अंत्यवासिन नाम शामिल हैं। वे बहुत प्राचीन अतीत से

आए हैं। एक निश्चित वर्ग के लोगों को इंगित करने के लिए इन नामों का उपयोग क्यों किया गया? इन शब्दों के पीछे कुछ अर्थ प्रतीत होता है। शब्द निस्संदेह व्युत्पन्न हैं। वे 'अंत' मूल से उत्पन्न हुए हैं। अन्त शब्द का क्या अर्थ है? शास्त्रों के जानकार हिंदुओं का कहना है कि इसका मतलब है 'जो सबसे अंत में पैदा हुआ है' और क्योंकि हिंदू व्यवस्था के अनुसार अछूत का जन्म अंत में हुआ था, अंत्य शब्द का अर्थ अछूत है। तर्क बेतुका है और सृष्टि-क्रम के हिंदू सिद्धांत के अनुसार नहीं है। इसके अनुसार शूद्र ही सबसे अंत में पैदा हुए थे। अछूत तो सृष्टि की योजना के बाहर हैं। शूद्र सवर्ण हैं। इसके विपरीत अछूत अवर्ण हैं, यानी वर्ण व्यवस्था के बाहर। सृष्टि में प्राथमिकता का हिंदू सिद्धांत न तो अस्पृश्यों पर लागू होता हैं और न ही लागू हो सकता है। मेरी दृष्टि में अंत्य शब्द का अर्थ सृष्टि का अंत नहीं बल्कि ग्राम का अंत है। यह उन लोगों को दिया गया एक नाम है जो गाँव के बाहरी इलाके में रहते थे। अतः अंत्य शब्द उत्तरजीवितामूलक है। यह हमें बताता है कि एक समय था जब कुछ लोग गाँव के अंदर रहते थे और कुछ गाँव के बाहर रहते थे और जो गाँव के बाहर यानी गाँव के अंत्य पर रहते थे, उन्हें अंत्यज कहा जाता था।

कुछ लोग गांव की सीमा पर क्यों रहते थे? क्या इसके अलावा कोई और कारण हो सकता है कि वे टूटे हुए आदमी थे जो परदेशी थे और जो गाँव के अंदर रहने वालों से अलग कबीलों के थे? मैं और कोई कारण नहीं देखता। यही वह वास्तविक कारण है जो इन विशेष शब्दों के उपयोग से उन्हें चिह्नित करने के लिए पाया जाता है। इस प्रकार अंत्य, अंत्यज और अंत्यवासिन शब्दों के प्रयोग का दोहरा अर्थ है। यह सबसे पहले, यह दर्शाता है कि अलग आवासों में रहना एक ऐसी अनोखी घटना थी कि इसे अभिव्यक्ति देने के लिए एक नई शब्दावली का आविष्कार करना पड़ा। दूसरे, चुने गए शब्द सटीक अर्थों में उन लोगों की स्थिति को व्यक्त करते हैं जिन पर यह लागू होते हैं, अर्थात् वे विदेशी थे।

तथ्यों का दूसरा वर्ग जो दिखाता है कि अछूत टूटे हुए आदमी थे, महार नामक समुदाय की स्थिति से संबंधित है। महार समुदाय महाराष्ट्र में एक प्रमुख अछूत समुदाय है। यह महाराष्ट्र में पाया जाने वाला सबसे बड़ा अछूत

समुदाय है। महारों और स्पृश्य हिंदुओं के बीच संबंधों को दर्शाने वाले निम्नलिखित तथ्य ध्यान देने योग्य हैं: (1) महार हर गांव में पाए जाते हैं; (2) महाराष्ट्र के प्रत्येक गाँव में एक दीवार है और महारों का आवास दीवार के बाहर है; (3) महार बारी-बारी से गाँव की ओर से चौकीदार और वार्ड का काम करते हैं; और (4) महार हिंदू ग्रामीणों से 52 अधिकारों का दावा करते हैं। इन 52 अधिकारों में सबसे महत्वपूर्ण हैं:-

(i) ग्रामीणों से भोजन एकत्र करने का अधिकार;

(ii) फसल के मौसम में प्रत्येक ग्रामीण से मकई एकत्र करने का अधिकार; और

(iii) ग्रामीणों के मृत पशु पर कब्जे का अधिकार।

महारों की स्थिति से हासिल होने वाले साक्ष्य निश्चित रूप से महाराष्ट्र तक ही सीमित हैं। क्या इसी तरह के मामले भारत के अन्य हिस्सों में पाए जाते हैं, इसकी जांच अभी बाकी है। लेकिन अगर महारों का मामला पूरे भारत में अस्पृश्यों के एक विशिष्ट मामले के रूप में माना जाए, तो यह स्वीकार किया जाएगा कि भारत के इतिहास में एक चरण था जब अन्य जनजातियों के टूटे हुए लोग बसी हुई जनजातियों के पास आए और एक सौदा किया जिसमें टूटे हुए लोगों को गाँव की सीमा पर एक जगह बसने की अनुमति दी गई, उन्हें कुछ कर्तव्यों को करने की आवश्यकता थी और बदले में कुछ अधिकार दिए गए। महारों में एक किंवदंती है कि ग्रामीणों से जिन 52 अधिकारों पर उनका दावा था, वह बेदर के मुस्लिम राजाओं ने उन्हें दिया था। इसका केवल यह अर्थ हो सकता है कि ये अधिकार बहुत प्राचीन थे और बेदर के राजाओं ने सिर्फ इनकी पुष्टि की थी।

हालांकि ये तथ्य बहुत कम हैं, लेकिन इस सिद्धांत के समर्थन में कुछ सबूत प्रस्तुत करते हैं कि अछूत शुरू से ही गांव के बाहर रहते थे। उन्हें निर्वासित नहीं किया गया था और गाँव के बाहर इसलिये रखा गया क्योंकि उन्हें अछूत घोषित किया गया था। वे शुरू से ही गाँव के बाहर रहते थे क्योंकि वे टूटे हुए लोग थे और उनकी जनजाति बसे हुए लोगों की जनजाति से अलग थी।

इस स्पष्टीकरण को स्वीकार करने में कठिनाई काफी हद तक इस धारणा से उत्पन्न होती है कि अछूत हमेशा से ही अछूत थे। यह कठिनाई दूर हो जाएगी यदि यह ध्यान में रखा जाए कि एक समय था जब आज के अछूतों के पूर्वज गाँव वालों की तुलना में अछूत नहीं थे, बल्कि केवल टूटे हुए लोग थे, न अधिक और न ही कम, और उनके तथा ग्रामीणों के बीच केवल यह अंतर था कि वे अलग-अलग जनजातियों के थे।

अध्याय - 5

क्या समानांतर मामले हैं?

क्या गांव के बाहर रहने वाले टूटे हुए लोगों के इतिहास में कोई मामले ज्ञात हैं? इस प्रश्न का सकारात्मक उत्तर देना संभव है। हमारे लिए सौभाग्य की बात है कि हमारे पास दो सूचित मामले हैं जो दिखाते हैं कि जो कुछ कहा जाता है कि भारत में विशेष रूप से हुआ, वह वास्तव में कहीं और भी हुआ है। जिन देशों में वास्तव में ऐसी घटनाएं हुई हैं, वे आयरलैंड और वेल्स हैं।

आदिम काल में आयरिश गांव का संगठन आयरलैंड के ब्रेहोन कानूनों में देखा जा सकता है। इसका कुछ अंदाजा, जैसा कि इन कानूनों से प्रकट होता है, सर हेनरी मायने द्वारा दिए गए निम्नलिखित सारांश से प्राप्त किया जा सकता है। सर हेनरी मायने कहते हैं[1] :-

"ब्रेहोन कानून एक दौर का खुलासा करता है जिसमें एक जनजाति लंबे समय से संभावित रूप से आदिवासी क्षेत्र में बस गई है। यह एक राजनीतिक इकाई का गठन करने के लिए पर्याप्त आकार और महत्व की है, और संभवतः इसके शीर्ष पर उन कई सरदारों में से एक है जिन्हें आयरिश रिकॉर्ड राजा कहते हैं। प्राथमिक धारणा यह है कि पूरा जनजातीय क्षेत्र संपूर्ण जनजाति के अधिकार में आता है, लेकिन वास्तव में इसके एक बड़े हिस्से को जनजातियों के छोटे निकायों ने स्थायी रूप से हथिया लिया है; एक भाग मुखिया को उसके कार्यालय के अनुलग्न के रूप में विशेष रूप से आवंटित किया गया है, और उत्तराधिकार के एक विशेष नियम के अनुसार यह एक मुखिया से दूसरे मुखिया को मिलता है। अन्य भागों पर जनजाति के टुकड़ों का कब्जा है, जिनमें से कुछ छोटे प्रमुखों के अधीन

हैं, जबकि अन्य, हालांकि सच मायनों में किसी प्रमुख द्वारा शासित नहीं हैं, पर उनके प्रतिनिधि के रूप में कार्य करने के लिए कुलीन वर्ग का कोई व्यक्ति है।

बिना कब्जे वाली पूरी कबीलाई भूमि एक विशेष तरीके से पूरी जनजाति की संपत्ति होती है और सैद्धांतिक रूप से किसी भी हिस्से को एक अस्थायी कब्जे से अधिक के अधीन नहीं किया जा सकता। हालाँकि, इस तरह के कब्जे अक्सर होते रहते हैं और कबीलाई भूमि के धारकों के बीच, इन शर्तों पर, खुद को आदिवासी कहने वाले लोगों के समूह बनते हैं, लेकिन वास्तव में वे अनुबंध द्वारा गठित संघ होते हैं, मुख्य रूप से मवेशियों को चराने के उद्देश्य से। अधिकांश सार्वजनिक कबीलाई भूमि पर कब्जा नहीं होता, बल्कि एक अंग्रेजी अभिव्यक्ति के अनुसार वह जनजाति के लिये 'अपशिष्ट' (Waste) होती है। फिर भी इस 'अपशिष्ट' को आदिवासियों की बस्तियों द्वारा लगातार जुताई या स्थायी चरागाह के लिये प्रयोग किया जाता है, और इस पर "खेती करने वालों और मजदूरों को विशेष रूप से सीमा की ओर बैठने की अनुमति दी जाती है। यह उस क्षेत्र का हिस्सा है जिस पर मुखिया का अधिकार लगातार बढ़ता रहता है, और इसी जगह वह अपने 'फुएडीर' (Fuidhir) या अजनबियों - किरायेदारों, एक बहुत ही महत्वपूर्ण वर्ग - अन्य जनजातियों के अपराधियों और 'टूटे हुए पुरुषों' को बसाता है, जो अपनी सुरक्षा के लिए उसके पास आते हैं, और जो नए कबीले से सिर्फ उसके मुखिया पर अपनी निर्भरता के कारण और उस उत्तरदायित्व के माध्यम से जुड़े होते हैं, जो वह उनके सुपुर्द करता है।"

फुएडीर कौन थे? सर हेनरी मायने के अनुसार फुएडीर थे:

> "अन्य प्रदेशों के अजनबी या भगोड़े, वास्तव में वे लोग, जिन्होंने मूल आदिवासी बंधन को तोड़ दिया होता है, जिसने उन्हें समुदाय में जगह दी थी, और जिन्हें फिर से एक नई जनजाति और नई जगह हासिल करना होता है। समाज हिंसक रूप से अव्यवस्थित हो गया था। शायद इसीका परिणाम था कि पूरा प्रदेश 'टूटे हुए लोगों' से भर गया था और ऐसे लोग केवल फुएडीर किरायेदार बनकर ही घर और सुरक्षा पा सकते थे।"

"फुएडीर एक आदिवासी नहीं बल्कि एक विदेशी था। सभी समाजों में, जो रिश्तेदारी से एक साथ बंधे होते हैं, उस व्यक्ति की स्थिति जो एकता के बंधन को खो या तोड़ देता है, हमेशा असाधारण रूप से दयनीय होती है। वह न केवल उनमें अपना प्राकृतिक स्थान खो चुका होता है बल्कि उनके लिए कहीं और कोई जगह नहीं होती।"

द्वितीय

अब वेल्स को देखते हैं। आदिम समय में वेल्श गांव के संगठन का वर्णन[2] श्री सीभोम ने किया है। श्री सीभोम के अनुसार वेल्स का एक गाँव घरों का एक संग्रह था। वासभूमि को दो समूहों में विभाजित किया गया था, मुक्त-किरायेदारों की वासभूमि और अमुक्त-किरायेदारों की वासभूमि। श्री सीभोम कहते हैं कि बस्ती में यह अलगाव वेल्स के आदिम गाँव की एक सामान्य विशेषता हुआ करती थी। इन अमुक्त-किराएदारों को एक अलग और बहिष्कृत जगह में क्यों रखा जाता था? इस अलगाव का कारण[3] श्री सीभोम द्वारा निम्नलिखित शब्दों में समझाया गया है:-

"पहली नजर में प्राचीन वेल्श कानूनों में उल्लिखित पुरुषों के वर्ग में एक बड़ा भ्रम है- आदिवासियों का, उचेलोर ब्रायर और जन्मजात बोनेडिंग्स का: गैर-जनजातियों का, तालोगो आइल्ट, ऑलट्यूड, आदि का। यह भ्रम तभी दूर होता है जब आदिवासी समाज के संविधान में अंतर्निहित सिद्धांत को समझ लिया जाय। और यह सिद्धांत स्पष्ट रूप से एक बहुत ही सरल सिद्धांत होगा यदि विजय और भूमि के स्थायी बंदोबस्त को विदेशी कानून, रीति-रिवाजों की जटिलताओं और नामकरण की घुसपैठ से मुक्त किया जा सके। पहले तो, इसमें कोई संदेह नहीं कि आदिवासी समाज की संरचना में अंतर्निहित मुख्य सिद्धांत मुक्त जनजातियों के बीच रक्त संबंध का था। कोई भी जो किसी रिश्तेदारी से संबंधित नहीं था, जनजाति का सदस्य नहीं हो सकता था, जो वास्तव में वेल्श रिश्तेदारी का एक समूह था। मोटे तौर पर तब वेल्श आदिवासी व्यवस्था के तहत दो वर्ग थे, एक जो सिमरिक रक्त के थे- और दूसरे जो अजनबी रक्त के थे।

इन दो वर्गों के बीच यदि एक अगम्य नहीं, तो गहरी खाई जरूर थी, जो भूमि या विजय के किसी भी प्रश्न से बिल्कुल अलग थी। यह खून में

विभाजन था और जल्द ही यह स्पष्ट हो जाता है कि जिस दृढ़ता के साथ इस भेद को बनाए रखा गया था वह आदिवासी व्यवस्था की मजबूत विशिष्ट पहचान भी थी और इसकी ताकत के मुख्य रहस्यों में से एक भी।"

तृतीय

आदिम काल में आयरिश और वेल्श गांवों के संगठन का यह विवरण इसमें कोई संदेह नहीं छोड़ता कि केवल भारत के अछूतों का मामला ही गांव के बाहर रहने वाले लोगों का मामला नहीं था। इससे यह सिद्ध होता है कि इसमें एक सार्वभौम घटना प्रदर्शित हो रही थी और इसकी निम्नलिखित विशेषताएँ थीं:-

1. कि आदिम काल में ग्राम बंदोबस्त के दो भाग होते थे। एक भाग पर एक जनजाति से संबंधित समुदाय का कब्जा होता था और दूसरे हिस्से पर विभिन्न जनजातियों के टूटे हुए लोगों का कब्जा होता था।
2. आदिवासी समुदाय के कब्जे वाले बस्ती के हिस्से को असल गाँव माना जाता था। टूटे हुए लोग गाँव के बाहरी इलाके में रहते थे।
3. टूटे हुए लोग गाँव के बाहर क्यों रहते थे, इसका कारण यह था कि वे परदेशी थे और आदिवासी समुदाय के नहीं थे।

भारत के अछूतों और आयरलैंड के फुएडीर और वेल्स के ऑलट्यूड्स के बीच पूर्ण समानता है। अस्पृश्य गाँव के बाहर उसी कारण से रहते थे जिस कारण फुएडीर और ऑलट्यूड्स को आयरलैंड और वेल्स में गाँव के बाहर रहना पड़ता था। अतः यह स्पष्ट है कि अस्पृश्यों के गाँव से बाहर रहने के विषय में जो कुछ कहा जाता है, वह अन्यत्र समानान्तर उदाहरण के बिना नहीं है।

संदर्भ सूची

1. संस्थानों का प्रारंभिक इतिहास, व्याख्यान III, पृ. 92-93.
2. द ट्राइबल सिस्टम इन वेल्स पृ. 9.
3. वही पृ. 54-55.

अध्याय - 6

टूटे हुए लोगों की अलग बस्तियाँ अन्यत्र कैसे गायब हो गईं ?

यह सच है कि आयरलैंड के फुएडीर और वेल्स के ऑल्ल्यूटड्स ब्रोकन मेन (टूटे हुए लोग) थे। यह भी एक सच्चाई है कि वे अलग-अलग क्वार्टर में रहते थे। लेकिन यह भी सच है कि उन टूटे हुए लोगों के अलग-अलग क्वार्टर गायब हो गए और वे बसे हुए कबीले का हिस्सा बन गए और उसमें समा गए। यह कुछ अजीब है। पूर्व निर्धारित सिद्धांत के अनुसार टूटे हुए पुरुषों को गाँव के बाहर क्वार्टर दिए गए थे क्योंकि वे एक अलग जनजाति के थे और इसलिए, अलग खून के थे। यह कैसे हो सकता है कि वे बाद में जनजाति द्वारा अपने में मिला लिए गए? भारत में ऐसा क्यों नहीं हुआ? ये ऐसे प्रश्न हैं जो स्वाभाविक हैं और जिनके उत्तर की आवश्यकता है।

यह प्रश्न विकास की उस प्रक्रिया से अभिन्न रूप से जुड़ा हुआ है जिसके माध्यम से आदिम समाज आधुनिक समाज में रूपांतरित हुआ। जैसा कि पहले ही कहा जा चुका है, यह विकास दो अलग-अलग दिशाओं में आगे बढ़ा है। एक ने आदिम समाज के खानाबदोश से एक स्थायी समुदाय में परिवर्तन को चिह्नित किया। दूसरे ने आदिवासी से एक क्षेत्रीय समुदाय में आदिम समाज के परिवर्तन को चिह्नित किया। जिस प्रश्न से हम अभी जूझ रहे हैं, वह विकास की दूसरी पंक्ति से संबंधित है। क्योंकि संघ के बंधन के रूप में रक्त की एकता का, क्षेत्र की एकता में बदल जाना ही

वह कारण है जो टूटे हुए लोगों के पृथक् आवासों के गायब होने के लिए जिम्मेदार है। आदिम समाज ने संघ के बंधन के रूप में सामान्य रक्त के स्थान पर सामान्य क्षेत्र को क्यों चुना? यह एक ऐसा प्रश्न है जिसकी कोई पर्याप्त व्याख्या नहीं है। परिवर्तन की उत्पत्ति बहुत अस्पष्ट है। हालांकि बदलाव कैसे लाया गया यह काफी स्पष्ट है।

प्रक्रिया के किसी सोपान पर आदिम समाज में एक नियम अस्तित्व में आया जिसके तहत एक गैर-जनजातीय व्यक्ति जनजाति का सदस्य बन सकता था और एक रिश्तेदार के रूप में उसमें समाहित हो सकता था। इसे उत्कर्ष के नियम (Rule of Ennoblement) के रूप में जाना जाता था। नियम यह था कि यदि कोई गैर-आदिवासी किसी जनजाति के बगल में रहता है या कुछ निश्चित पीढ़ियों तक जनजाति के भीतर विवाह करता है तो वह उनका स्वजन बन जाता है।[1] श्री सीभोम एक गैर-जनजातीय व्यक्ति के जनजाति बनने के लिए निम्नलिखित नियम देते हैं जैसा कि वेल्श गांव प्रणाली में पाया गया था।

(1) दक्षिण वेल्स की परंपरा के अनुसार साइमरू (वेल्स) में निवास अंत में एक अजनबी के वंशज को एक साइमरू बना देता था, लेकिन नौवीं पीढ़ी तक जारी रहने के बाद।

(2) पीढ़ी दर पीढ़ी जन्मजात साइमरेस के साथ अंतर्विवाह करने से चौथी पीढ़ी में एक अजनबी का वंशज जन्मजात साइमरू बन जाता था। दूसरे शब्दों में, मूल अजनबी का प्रपौत्र, जिसका रक्त कम से कम सात-आठवां सिमरिक था, को एक आदिवासी के विशेषाधिकारों का दावा करने का अधिकार प्राप्त करने की अनुमति दी गई थी।

क्या भारत में ऐसा नहीं होना चाहिए था? यह हो सकता था - वास्तव में यह होना चाहिए था। क्योंकि आयरलैंड और वेल्स में मौजूद नियम के समान भारत में भी ऐसा नियम अस्तित्व में था। इसका उल्लेख मनु ने किया है। दसवें अध्याय के श्लोक 64-67 में वे कहते हैं कि एक शूद्र ब्राह्मण समाज में सात पीढ़ियों तक (यदि विवाह करता है) तो ब्राह्मण हो

सकता है। चातुर्वर्ण का सामान्य नियम था कि शूद्र कभी ब्राह्मण नहीं बन सकता था। शूद्र जन्म से शूद्र होता है और उसे ब्राह्मण नहीं बनाया जा सकता। लेकिन पुरातनता का यह नियम इतना मजबूत था कि मनु को शूद्रों पर अस्पृश्यता का नियम लागू करना पड़ा। जाहिर है कि अगर यह नियम भारत में चलता रहता तो भारत के टूटे हुए लोग ग्रामीण समुदाय में समाहित हो जाते और उनके पृथक् आवासों का अस्तित्व खत्म हो जाता।

ऐसा क्यों नहीं हुआ? इसका उत्तर यह है कि अस्पृश्यता की धारणा ने सगे-संबंधी और गैर-सम्बन्धी, आदिवासियों और गैर-जनजातियों के बीच एक दूसरे रूप में अंतर को नियंत्रित किया और स्थायी बना दिया; अर्थात्; स्पृश्यों और अछूतों के बीच। यह वह नया कारक है जिसने वैसे एकीकरण को रोक दिया जैसा आयरलैंड और वेल्स में हुआ था, जिसके परिणामस्वरूप पृथक आवास की प्रणाली भारतीय गांव की एक नित्य और स्थायी विशेषता बन गई है।

भाग - 3

अस्पृश्यता की उत्पत्ति के पुराने सिद्धांत

अध्याय VII. अस्पृश्यता की उत्पत्ति के रूप में नस्लीय अंतर
अध्याय VIII. अस्पृश्यता की व्यावसायिक उत्पत्ति

अध्याय - 7

अस्पृश्यता के मूल के रूप में नस्लीय अंतर

अस्पृश्यता का मूल क्या है? जैसा कि कहा गया है इस क्षेत्र में कोई खोज नहीं हुई है। समाजशास्त्र के किसी भी छात्र ने इस ओर ध्यान नहीं दिया है। समाजशास्त्रियों के अलावा अन्य लेखक, जिन्होंने भारत और उसके लोगों के बारे में लिखा है, केवल अस्पृश्यता की प्रथा को अलग-अलग स्तर की अस्वीकृति के साथ दर्ज करके और उसे वहीं छोड़ कर संतुष्ट रहे हैं। जहां तक मेरे शोध का सवाल है, मैं सिर्फ एक ही लेखक को जानता हूँ जिसने यह समझाने की कोशिश की है कि अस्पृश्यता कैसे पैदा हुई। यह मिस्टर स्टेनली राइस[1] हैं। श्री राइस के अनुसार-

"इस बात की प्रबल संभावना है कि बहिष्कृत जातियाँ विजित लोगों से बचे हुए लोग थे, जो जातियों के व्यवसाय के साथ एक होते चले जाने के साथ साथ, ढोल पीटने वाले, चमड़े के काम करने वाले और खेतिहर मजदूर वर्ग में परिणत हो गए, जिन्हें शुरुआती दौर से ही गुलाम के रूप में निर्वासित कर दिया गया था। वे आर्यों द्वारा जीती हुई जातियाँ नहीं थीं; परैया उन आदिवासियों से संबंधित थे जिन पर द्रविड़ों ने विजय प्राप्त की थी और अलग नस्ल के होने के कारण उन्हें समान कुलों के कुलाचार में शामिल नहीं किया गया था, जिसके साथ विवाह हमेशा घनिष्ठ रूप से जुड़ा होता है, क्योंकि इससे मुक्त संपर्क और नस्ल का क्रमिक पतन होता। लेकिन यह निषेध निरपेक्ष नहीं हो सकता था; हमेशा अपवाद होते हैं। सदियों के दौरान, कुछ चालीस या अधिक, अपरिहार्य नस्लीय मिलावट ने आदिवासी और प्रारंभिक द्रविड़ियन के बीच नस्लीय भेद को अवश्य

समाप्त कर दिया होगा। इन लोगों को हिंदू व्यवस्था में एक तरह की नीच भागीदारी के लिए स्वीकार किया गया है, जिसमें वे इतने लंबे समय तक रहे हैं, क्योंकि हिंदू धर्म एक ही समय में पंथों में सबसे सहिष्णु और असहिष्णु भी है। यह धर्मांतरण नहीं करता है; आप जिस तरह मुसलमान बन सकते हैं, उसी तरह आप हिंदू नहीं बन सकते, और जो लोग इसके दायरे में हैं, वे सबसे कठोर प्रतिबंधों के अधीन हैं। लेकिन यह हमेशा उन आदिवासी जनजातियों को गले लगाने के लिए तैयार रहा है जो इसके कानूनों के अधीन होने के इच्छुक हैं, भले ही वह उन्हें बहुत नीची जगह प्रदान करे और उन्हें हमेशा दूर रखा गया है और मंदिरों से बाहर रखा गया है। इसलिए, ऐसा प्रतीत होता है कि मानवशास्त्रीय तर्क किसी तरह भी निर्णायक नहीं हैं जब हम इन कारकों पर विचार करते हैं जिन्होंने मूल नस्लीय विशेषताओं को गहराई से संशोधित किया होगा और उनके दृष्टिकोण को बदल दिया होगा। इस प्रकार द्रविड़ों ने परैयों पर वही कसौटी लागू की जो आर्यों ने विजित निवासियों पर लागू की मानी जाती है। उन्होंने उन्हें भू-दासों की स्थिति में गिरा दिया और ऐसे कार्य सौंप दिये जिन्हें करना उनकी अपनी गरिमा के विपरीत समझा जाता था। न ही विवाह ही एकमात्र विचार था। परैयों की अक्षमता निषेध में निहित रहस्यमय गुणों के कारण भी थी- और उससे भी बड़ी हद तक। ऐसे व्यक्ति को कुलदेवता के परिवार में शामिल करना न केवल सामाजिक व्यवस्था के विपरीत था, बल्कि इससे कबीले पर उनके विशेष देवता का क्रोध भी आ सकता था। लेकिन उसे एक मंदिर के पवित्र परिसर के भीतर भगवान की पूजा के लिए स्वीकार करना तो स्वर्ग से प्रामाणिक आग को उतार लाना था, जिससे वे स्वयं भस्म हो जाते। यह कुरान, दातान और अभिराम द्वारा अप्रतिष्ठित या अपरंपरागत आग के समर्पण के समान उसी तरह का अपवित्रीकरण होता। हालाँकि, पूजा में सक्रिय भाग लेने से वंचित होने के बावजूद, परैया अभी भी इससे जुड़ी छोटी-छोटी सेवाएँ कर सकते थे, बशर्ते कि वे पवित्र भवन के प्रदूषण में कारण न बनें। ईसाई शब्दावली में परैयन, हालांकि वह न तो वेदी पर कार्य कर सकता था, न ही उपदेश दे सकता था और न ही मण्डली में से एक हो सकता था, फिर भी एक शर्त पर घंटी बजा सकता

था। वह स्वयं को समुदाय का हिस्सा नहीं मान सकता था; वह वास्तव में, निष्काषित था। और इस तरह, वह औपचारिक रूप से अशुद्ध था। न तो पानी से धोना, और न ही सफाई की रस्म, उस दाग को हटा सकती थी जो निषेध की प्रक्रिया से अमिट रूप से स्थायी हो गया था। उसे छूना, उसके साथ कोई भी व्यवहार करना, बिना एक हाथ की दूरी बनाए रखकर, एक प्रकार के संक्रामक जादू से अशुद्ध हो जाना था। आप उसे अपने खेत जोतने में लगा सकते थे क्योंकि इसमें आदेश देने से परे किसी भी प्रकार का कोई संपर्क नहीं था, आपको उसके साथ और संवाद करने की आवश्यकता नहीं थी। उसके माथे पर अपवित्रता की मुहर लग गई थी; यह उसमें उतना ही निहित था जितना कि उसकी रगों में रक्त। और इस प्रकार वह नीच, पतित व्यक्ति तो था ही, जो भारतीय मत ने उसे बना दिया था, ऐसे व्यवसायों से वह और अधिक नीच हो गया, जो उसके लिए खुले छोड़े गए थे।"

मिस्टर राइस का सिद्धांत वास्तव में खुद को दो भागों में विभाजित करता है। क्योंकि, उनके अनुसार, अस्पृश्यता की उत्पत्ति दो परिस्थितियों में पाई जाती है- नस्ल और व्यवसाय। जाहिर है, उन्हें अलग-अलग विचार की आवश्यकता है। यह अध्याय अस्पृश्यता की उत्पत्ति के रूप में नस्लीय अंतर के उनके सिद्धांत की जांच के लिए समर्पित होगा।

मिस्टर राइस के नस्लीय सिद्धांत में दो तत्व शामिल हैं:-

(1) कि अछूत गैर-आर्यन, गैर-द्रविड़ आदिवासी हैं; और

(2) कि वे द्रविड़ों द्वारा जीते और अधीन किए गए थे।

यह सिद्धांत विदेशी आक्रमणकारियों द्वारा भारत पर किए गए आक्रमणों, उनके द्वारा की गई विजयों और उनके परिणामस्वरूप उत्पन्न हुई सामाजिक और सांस्कृतिक संस्थाओं के पूरे प्रश्न को उठाता है। श्री राइस के अनुसार भारत पर दो आक्रमण हुए हैं। पहला द्रविड़ों द्वारा भारत पर आक्रमण है। उन्होंने गैर-द्रविड़ आदिवासियों, अछूतों के पूर्वजों पर विजय प्राप्त की और उन्हें अछूत बना दिया। दूसरा आक्रमण आर्यों द्वारा भारत पर आक्रमण है। आर्यों ने द्रविड़ों पर विजय प्राप्त की। वह नहीं कहता कि विजयी आर्यों ने

विजित द्रविड़ों के साथ कैसा व्यवहार किया। यदि उत्तर के लिए दबाव डाला जाता तो वह कह सकता था कि उन्होंने उन्हें शूद्र बना दिया। ताकि हमें एक कड़ी मिल जाती। द्रविड़ों ने भारत पर आक्रमण किया और आदिवासियों पर विजय प्राप्त की और उन्हें अछूत बना दिया। द्रविड़ों के बाद आर्य आए। आर्यों ने द्रविड़ों पर विजय प्राप्त की और उन्हें शूद्र बना दिया। शूद्रों और अछूतों की उत्पत्ति से संबंधित तथ्यों के एक जटिल समीकरण की व्याख्या करने के लिए यह सिद्धांत बहुत यांत्रिक है, यह एक अनुमान मात्र है और बहुत सरल है।

जब प्राचीन भारतीय इतिहास के छात्र प्राचीन अतीत में जाते हैं तो वे अक्सर आर्य, द्रविड़, दास और नाग, इन चार नामों से रूबरू होते हैं। ये नाम क्या दर्शाते हैं? इस प्रश्न पर कभी विचार ही नहीं किया गया। क्या ये आर्य, द्रविड़, दास और नाग अलग-अलग नस्लों के नाम हैं या ये एक ही नस्ल के लोगों के अलग-अलग नाम हैं? सामान्य धारणा यही है कि वे अलग-अलग नस्लें हैं। यह एक धारणा है जिस पर मिस्टर राइस के जैसे सिद्धांत, जो हिंदू समाज की सामाजिक संरचना, विशेष रूप से इसके वर्ग आधार की व्याख्या करना चाहते हैं, निर्मित हैं। इस तरह के सिद्धांत को स्वीकार करने से पहले इसकी नींव की जांच करना जरूरी है।

आर्यों से शुरू करें तो यह विवाद से परे है कि वे एक सजातीय लोग नहीं थे। यह विवाद से परे है कि वे दो[2] वर्गों में विभाजित थे। यह भी विवाद से परे है कि दोनों की संस्कृतियाँ भिन्न थीं। उनमें से एक को ऋग्वेदिक आर्य और दूसरे को अथर्व वैदिक आर्य कहा जा सकता है। उनकी सांस्कृतिक दरार पूर्ण प्रतीत होती है। ऋग्वैदिक आर्य यज्ञ में विश्वास करते थे। अथर्व वैदिक आर्य जादू को मानते थे। उनकी पौराणिक कथाएं अलग थीं। ऋग वैदिक आर्य जलप्रलय और मनु से अपनी जाति के निर्माण में विश्वास करते थे। अथर्व वैदिक आर्य जलप्रलय में विश्वास नहीं करते थे बल्कि ब्रह्मा या प्रजापति से अपनी जाति के निर्माण में विश्वास करते थे। उनका साहित्यिक विकास भी अलग-अलग रास्तों पर हुआ। ऋग्वैदिक आर्यों ने ब्राह्मणों, सूत्रों और आरण्यकों का निर्माण किया। अथर्व वैदिक आर्यों ने उपनिषदों का निर्माण किया। उनका सांस्कृतिक संघर्ष इतना

बड़ा था कि ऋग्वैदिक आर्य लंबे समय तक न तो अथर्ववेद की पवित्रता को स्वीकार कर सके और न ही उपनिषदों की, और जब उन्होंने इसे पहचाना तो उन्होंने इसे वेदांत कहा जो शब्द के वर्तमान अर्थ - यानी, वेदों का सार- के विपरीत मूल रूप से कुछ और ही अर्थ रखता था, यानी वेदों की सीमा के बाहर, और इसलिए, वेदों के जितना पवित्र नहीं, और इसके अध्ययन को अनुलोम माना। क्या आर्यों के ये दो वर्ग दो विभिन्न जातियों के थे, हम नहीं जानते। हम नहीं जानते कि आर्यन शब्द जाति का सूचक है या नहीं। अतः इतिहासकारों ने यह मानकर चलने की गलती की है कि आर्य एक अलग नस्ल थे।

दासों को नागाओं से अलग करने में इससे भी बड़ी गलती निहित है। दास और नाग एक ही हैं। दास केवल नागाओं का दूसरा नाम है। यह समझना मुश्किल नहीं है कि वैदिक साहित्य में नागों को दास कैसे कहा जाने लगा। दास इंडो-ईरानी शब्द दहाका का संस्कृत रूप है। दहाका नागों के राजा का नाम था।[3] नतीजतन, आर्यों ने नागाओं को अपने राजा दहाका के नाम पर बुलाया, जो अपने संस्कृत रूप में दास बन गया, जो सभी नागाओं पर लागू होने वाला एक सामान्य नाम था।

नाग कौन थे? निस्संदेह वे अनार्य थे। वैदिक साहित्य[4] का ध्यानपूर्वक अध्ययन करने से दो अलग-अलग प्रकार की संस्कृति और विचार के बीच संघर्ष की भावना, द्वैतवाद और श्रेष्ठता की दौड़ का पता चलता है। ऋग्वेद में, हमें सर्वप्रथम आर्य देवता इंद्र के शत्रु अहि वित्र के रूप में सर्प-देवता से परिचित कराया गया है। नाग, वह नाम जिसके तहत सर्प-देवता बाद के दिनों में इतना प्रसिद्ध हो गया था, प्रारंभिक वैदिक साहित्य में प्रकट नहीं होता है। यहां तक कि जब यह पहली बार शतपथ ब्राह्मण (VI.2,7,12) में आता है, तो यह स्पष्ट नहीं होता कि यहाँ एक महान सांप से मतलब है या एक महान हाथी से। लेकिन इससे अहि वित्र की प्रकृति छुपती नहीं है, क्योंकि उसे हमेशा ऋग्वेद में सर्प के रूप में वर्णित किया गया है जो जल के चारों ओर रहता है या उसमें छिपा रहता है, और स्वर्ग और पृथ्वी के जल पर समान रूप से पूर्ण नियंत्रण रखता है।

अहि वित्र का उल्लेख करने वाले छन्दों से यह भी स्पष्ट होता है कि उन्हें आर्य जनजातियों से कोई पूजा नहीं मिली थी और उन्हें केवल काफी शक्ति वाली एक दुष्ट आत्मा माना जाता था जिसका मुकाबला किया जाना चाहिए।

ऋग्वेद में नागों के उल्लेख से पता चलता है कि नाग बहुत प्राचीन लोग थे। यह भी याद रखना चाहिए कि नाग किसी भी तरह से आदिवासी या असभ्य लोग नहीं थे। इतिहास भारत के शाही परिवारों के साथ नाग लोगों के बीच अंतर्जातीय विवाह के बहुत करीबी संबंध को दर्शाता है। कदंब राजा कृष्णवर्मा[5] का देवगिरी अभिलेख कदंब–कुल की शुरुआत को नागों से जोड़ता है। 9वीं शताब्दी ईस्वी का रॉयकोटा अनुदान।[6]

एक नागी के साथ अश्वत्थामा के विवाह और इस विवाह से उत्पन्न हुई संतान स्कंदशिष्य द्वारा पल्लव वंश की नींव रखे जाने का उल्लेख करता है। विराकुर्चा, जो 9वीं शताब्दी ईस्वी में दिनांकित एक अन्य पल्लव शिलालेख के अनुसार राजवंश का शासक था, का भी उसी शिलालेख में उल्लेख किया गया है कि उसने एक नागी से शादी की थी और उससे राजकीय प्रतीक चिन्ह प्राप्त किया था।[7] वाकाटक राजा प्रवरसेन के पुत्र, गौतमीपुत्र का विवाह भारशिव राजा भव नाग की पुत्री के साथ होना, एक ऐतिहासिक तथ्य है। इसी प्रकार चंद्रगुप्त द्वितीय का विवाह 'नाग कुल' की राजकुमारी कुवेरा नाग के साथ हुआ था।[8] एक तमिल कवि का दावा है कि प्रारंभिक चोल राजा कोक्किल्ली ने एक नाग राजकुमारी से विवाह किया था।[9] राजेंद्र चोल को 'अपनी उज्ज्वल सुंदरता से नाग जाति की कुलीन पुत्री का हाथ[10] जीतने का श्रेय भी दिया जाता है। नवसाहसंक चरित, परमार राजा सिंधुराज (जो 10वीं शताब्दी ईस्वी के शुरुआती भाग में शासन करता था) के नाग राजकुमारी शशिप्रभा के साथ विवाह का वर्णन इस तरह के विस्तृत विवरण के साथ ऐसी वास्तविकता से करता है, कि हम लगभग निश्चित महसूस करते हैं कि इस दावे के लिए कुछ ऐतिहासिक आधार रहे होंगे[11] वि.सं. 1030–973 के हर्ष शिलालेख से हम जानते हैं कि गुवाका प्रथम, जो विग्रहराज चहमन से ऊपर की ओर वंशावली में छठा राजा था और इस प्रकार माना जा सकता है कि वह 9वीं शताब्दी के मध्य में शासन

कर रहा था, 'नागाओं तथा अन्य राजाओं की राजसभाओं में एक नायक के रूप में प्रसिद्ध था'।[12] उड़ीसा के भौमन राजवंश के सनटिकारा, जिसकी एक संभवत: 921 ईस्वी की तारीख थी, का उल्लेख उसके बेटे के शिलालेख में नाग परिवार की त्रिभुवन महादेवी से शादी करनेवाले के रूप में किया गया है।[13]

नाग लोगों ने न केवल एक उच्च सांस्कृतिक स्तर हासिल किया था बल्कि इतिहास से पता चलता है कि उन्होंने भारत के एक बड़े हिस्से पर शासन भी किया था। यह कहने की आवश्यकता नहीं कि महाराष्ट्र नागाओं का घर है। इसके लोग और इसके राजा नाग थे।[14]

एक से अधिक स्रोतों के प्रमाणों से पता चलता है कि आंध्रदेश और उसके पड़ोस के क्षेत्र ईसाई युग की शुरुआती शताब्दियों के दौरान नागाओं के अधीन थे। सातवाहन, और उनके उत्तराधिकारी, चुटु कुल सातकर्णी में भी कमोबेश नागा जाति का रक्त था। डॉ. एच.सी. रॉय चौधरी ने इंगित किया है, कि द्वात्रीमा सतपुकलित्ता मिश्रित ब्राह्मण और नाग मूल के रूप में, सातवाहन वंश के पौराणिक प्रतिनिधि, सलिवाहन का प्रतिनिधित्व करती है।[15] यह उनकी वंशवादी सूची में पाए जाने वाले विशिष्ट नाग नामों से पर्याप्त रूप से प्रमाणित है। सातवाहन शासन के अंत में नाग बहुत शक्तिशाली हो गए थे, यह भी कई तथ्यों से सिद्ध होता है। मुख्य सातवाहन वंश के अंतिम राजा, पुलुमवी के शासनकाल में, बेल्लारी जिले में स्कंदनाग नामक एक मुखिया का शासन पाया जाता है। दूसरे, एक चुटु राजा की पुत्री नाग मूलानिका का उल्लेख उसके पुत्र के साथ एक नाग को उपहार देने के रूप में किया गया है, जिसे शिवस्कंद-नाग-श्री कहा जाता है। इस पंक्ति के सभी ज्ञात राजा एक ही नाम धारण करते थे और इस प्रकार नागों के साथ उनका घनिष्ठ संबंध सिद्ध होता है। तीसरा, सोरिंगोई की राजधानी, उरगपुरा का नाम, सिर्फ एक नाग राजा के अलग थलग शासन का नहीं बल्कि उस इलाके में काफी लंबी अवधि तक रही नाग बस्ती की तरफ इशारा करता है।

सीलोन और सियाम की बौद्ध परंपरा से हम यह भी जानते हैं कि हीरे की रेत (यानी कराची) के पास मजेरिका नामक एक नागा देश था,[16] फिर

चौथी शताब्दी ईस्वी के तीसरे और शुरुआती भाग के दौरान उत्तरी भारत पर भी कई नाग राजाओं का शासन था, जो पुराणिक के साथ-साथ मुद्राशास्त्रीय और पुरालेखीय साक्ष्यों से स्पष्ट रूप से सिद्ध होता है। विदिशा, कैंपावती या पद्मावती और मथुरा के तीन स्वतंत्र समूहों का स्पष्ट रूप से इस तरह उल्लेख किया गया है कि उनके महत्व के बारे में कोई संदेह नहीं रह जाता है। भारसिव वंश के एकमात्र ज्ञात राजा भव नाग नाम भी उन्हें नागों से जोड़ता प्रतीत होता है। यहां दूसरे समूह के सिक्कों की चर्चा, या इलाहाबाद स्तंभ शिलालेख के अच्युत गणपति नाग या नागसेन की इन पौराणिक नाग राजाओं[17] के साथ पहचान के प्रश्न में प्रवेश करना संभव नहीं है। प्राचीन भारतीय इतिहास में उल्लिखित सभी नागाओं में से ईसवी सन् चौथी शताब्दी के उत्तर भारतीय नाग घराने[18] सबसे प्रमुख और ऐतिहासिक दृष्टि से सर्वाधिक ठोस हैं। हम नहीं जानते कि लाहौर कॉपर सील[19] के नागभट्ट और उनके पुत्र महाराजा मोहेश्वर नाग इन तीन समूहों में से किसी से संबंधित थे या उन्होंने स्वयं एक अलग नाग परिवार बनाया था। लेकिन यह सब पर्याप्त रूप से डॉ. सी.सी. रॉय चौधरी के निष्कर्ष को सही ठहराता है कि उत्तरी भारत का कुषाण साम्राज्य चौथी शताब्दी ईस्वी में नागाओं द्वारा जीत लिए जाने के बाद गायब हो गया था। इन नागों ने उत्तरापथ के विभिन्न भागों पर तब तक शासन किया होगा जब तक कि वे स्वयं समुद्रगुप्त की विजयी भुजाओं के सामने बह नहीं गए।

स्कंदगुप्त के समय के अंत तक, हालांकि हम किसी सर्वनाग को अंतरवेदी[20] के राज्यपाल के रूप में पाते हैं। सौराष्ट्र और भरूकच्छ के पड़ोस में, विशेष रूप से, नागाओं ने 6 वीं शताब्दी ईस्वी तक एक प्रमुख स्थान धारण किया हुआ प्रतीत होता है। जूनागढ़ शिलालेख से प्रकट होता है कि स्कन्दगुप्त ने एक नागा विद्रोह को गंभीरता से कुचला था।[21] 570 ईस्वी में दद्दा प्रथम गुर्जर ने नागाओं को उखाड़ फेंका था।[22] जिनकी पहचान भड़ौच के बृहुल लाका द्वारा शासित जंगली जनजातियों के साथ की गई है।[23] ध्रुवसेन द्वितीय के जीएस 334 (645 ई.) के अनुदान में भी उल्लेख है दुताका के रूप में प्रमात्री श्रीनाग?।[24]

नागों का अगला महत्वपूर्ण उत्थान, विशेष रूप से मध्य भारत में, 9वीं शताब्दी ईस्वी के आसपास प्रतीत होता है। 800 ई. में कोशल में श्रीपुरा के महाराजा तिवरदेव ने संभवतः एक नागा जनजाति को हराया था।[25] इस अवधि के कुछ समय बाद, हम बंगाल के शिलालेख में नागाओं के दो संदर्भों का भी उल्लेख देखते हैं। महामंडलिक ईश्वर घोष का रामगंज रिकॉर्ड हमें ढेकरी के एक घोष नाग परिवार से परिचित कराता है, जिसे 11वीं शताब्दी[26] ईस्वी का माना गया है। 12 वीं शताब्दी[27] में हरिवर्मदेव के मंत्री भट्ट भवदेव की भुवनेश्वर प्रशस्ति भी उनके द्वारा नाग राजाओं के विनाश का उल्लेख करती है। रामचरित में रामपाल द्वारा भव-भूषण-संतति के राज्य उत्कल की विजय का उल्लेख है, लेकिन यह स्पष्ट नहीं है कि इस मामले में नाग या चंद्र से मतलब था या नहीं। हालाँकि अधिक संभावना पूर्व के पक्ष में होगी, क्योंकि वे अधिक प्रसिद्ध थे।

10वीं-12वीं शताब्दी ईस्वी की अवधि में सेंद्रक, सिंड, या चिंदक परिवार की विभिन्न शाखाएँ, जो खुद को भोगवती और नागवंशी के स्वामी कहते थे, धीरे-धीरे मध्य भारत के विभिन्न हिस्सों, विशेष रूप से बस्तर में फैल गईं। बेगुर के नागट्टारा भी, 10वीं शताब्दी[28] ईस्वी के एक शिलालेख में दिखाई देते हैं, जो कि पश्चिमी गंगा राजा एरियप्पा की ओर से राजा वीरमहेंद्र के खिलाफ लड़े थे और लड़ाई में बहादुरी के लिए प्रतिष्ठित थे। यदि नवसाहसांक चरित का प्रमाण माना जाता है, तो नाग राजा, जिनकी बेटी शशिप्रभा का विवाह सिंधुराज परमार से हुआ था, भी लगभग इसी अवधि में नर्मदा पर रत्नावती में शासन कर रहे होंगे।

द्रविड़ कौन हैं? क्या वे नागाओं से भिन्न हैं? या ये एक ही जाति के लोगों के दो अलग-अलग नाम हैं? लोकप्रिय विचार यह है कि द्रविड़ और नाग दो अलग-अलग जातियों के नाम हैं। यह बयान कई लोगों को हैरान करने वाला है। बहरहाल, यह एक तथ्य है कि द्रविड़ और नाग शब्द एक ही लोगों के लिए केवल दो अलग-अलग नाम हैं।

इस बात से इनकार नहीं किया जा सकता है कि बहुत कम लोग इस प्रस्ताव को स्वीकार करने के लिए तैयार होंगे कि द्रविड़ और नाग एक ही

लोगों के लिए केवल दो अलग-अलग नाम हैं और इससे भी कम यह स्वीकार करेंगे कि द्रविड़ों ने नागाओं के रूप में न केवल दक्षिण भारत पर कब्जा कर लिया बल्कि उन्होंने पूरे भारत पर कब्जा कर लिया। - दक्षिण भी और उत्तर भी। बहरहाल, ये ऐतिहासिक सत्य हैं।

आइए देखें कि इस विषय पर अधिकारी विद्वानों का क्या कहना है। दक्षिण भारत के जाने-माने विद्वान श्री दीक्षितियार का रामायण में दक्षिण भारत पर अपने पत्र[29] में इस विषय पर कहना है:

"नाग, एक और जनजाति-चरित्र में अर्ध-दिव्य, जिनके कुलदेवता सर्प थे, पूरे भारत में फैले हुए थे, उत्तर-पश्चिम में तक्षशिला से लेकर उत्तर-पूर्व में असम तक और दक्षिण में सीलोन और दक्षिण भारत तक। एक समय वे शक्तिशाली रहे होंगे।

याकवों के साथ समकालीन या शायद एक राजनीतिक इकाई के रूप में उनके पतन के बाद, नाग दक्षिण भारत में प्रमुखता से उभरे। न केवल सीलोन के हिस्से बल्कि प्राचीन मालाबार भी उन प्राचीन नागाओं के कब्जे वाले क्षेत्र थे... ईसा के बाद की शुरुआती शताब्दियों के तमिल काव्यों में, हम नागानाडु के उल्लेख अक्सर सुनते हैं... नाग पूजा के अवशेष अभी भी मालाबार में हैं, और दक्षिण त्रावणकोर में नागरकोइल में मंदिर आज भी नाग पूजा के लिए समर्पित है। उनके बारे में इतना ही कहा जा सकता है कि वे समुद्री यात्रा करने वाले कबीले थे। उनकी स्त्रियाँ अपने सौन्दर्य के लिए विख्यात थीं। जाहिर तौर पर नागाओं का चेरों में विलय हो गया था जो ईसाई युग की शुरुआत में सत्ता और प्रमुखता में बढ़ गए थे।"

इस विषय पर आगे सीएफ ओल्डहैम द्वारा प्रकाश डाला गया है जिन्होंने इसका गहन अध्ययन किया है। मिस्टर ओल्डहैम के अनुसार:[30]

"द्रविड़ लोगों को प्राचीन काल से ही चेरों, चोलों और पांड्यों में विभाजित किया गया है। चेरा, या सेरा (पुरानी तमिल सराय में) नागा के लिए द्रविड़ शब्द है; चेरमंडल, नागद्वीप, या नाग देश। यह स्पष्ट रूप से दक्षिण के द्रविड़ों के असुर मूल की ओर इशारा करता है। लेकिन इसके अलावा अभी भी, गंगा घाटी में व्यापक रूप से फैले हुए लोग मौजूद हैं,

जो खुद को चेरु या सेओरिस कहते हैं, और जो सर्पदेवता से वंश का दावा करते हैं।[31] चेरु बहुत प्राचीन जाति के हैं; ऐसा माना जाता है कि उनके पास कभी गंगा की घाटी का एक बड़ा हिस्सा था, जिस पर, जैसा कि हम पहले ही देख चुके हैं, बहुत शुरुआती समय में नागा जनजातियों द्वारा कब्जा कर लिया गया था। ऐसा प्रतीत होता है कि मुसलमानों के आक्रमणों के संकटपूर्ण समय के दौरान चेरु धीरे-धीरे अपनी भूमि से बेदखल कर दिए गए थे, और अब वे गरीब और लगभग भूमिहीन हैं। इसमें कोई संदेह नहीं हो सकता है कि ये लोग द्रविड़ियन चेरों के सम्बन्धी हैं।

चेरुओं के कई अजीबोगरीब रीति-रिवाज हैं और उनमें से एक है जो उन्हें लिच्छवियों के साथ-साथ नेपाल के नेवारों से जोड़ता है। यह हर पांच या छह घरों के लिए एक राजा का चुनाव है, और उसका अभिषेक, उचित रूप से, तिलक या ललाट पर शाही निशान के साथ होता है।[32] लिच्छवी और नेवार दोनों में दक्षिण के द्रविड़ों के साथ कई साझे रीति-रिवाज थे। दोनों सर्प की पूजा करते थे, कर्कोटक नाग नेपाल के लिए वही था जो नील नाग कश्मीर के लिए था। एक नाग ही लिच्छवी की राजधानी वैशाली के संरक्षक देवता थे। नेवारों और लिच्छवियों के वैवाहिक संबंध तमिल लोगों के वैवाहिक संबंधों से काफी मिलते-जुलते थे, और काफी हद तक एक सामान्य उत्पत्ति दिखाते हैं।

नेवारों के बीच संपत्ति महिला पीढ़ी में जाती थी, जैसा कि कभी पंजाब के अरट्ट, बहिक या ताखों में होता था, जिनकी बहनों के बेटे, उनके अपने नहीं, उनके उत्तराधिकारी होते थे।[33] यह अभी भी एक द्रविड़ प्रथा है। संक्षेप में, जैसा कि एक हाल के द्रविड़ लेखक, श्री बालकृष्ण नायर कहते हैं कि उनके लोग 'ऐसा प्रतीत होता है, अपनी लगभग प्रत्येक विशेषता में, नेवारों के कुटुम्बी हैं।'[34]

इन सबके अलावा भी, दक्षिण के नाग लोगों को भारत के उत्तर के लोगों के साथ जोड़ने वाले अन्य सूत्र भी हैं। कर्नल टॉट द्वारा चंबल नदी के पास कंसवाह में खोजे गए एक शिलालेख में, एक राजा, जिसे सलिंद्र

कहा जाता है, 'सरया की जाति का, जो शक्तिशाली जनजातियों के बीच प्रसिद्ध एक जनजाति' है, तख्य का शासक कहा जाता है।[35]

यह स्पष्ट रूप से पंजाब का तखया या तखा राज्य था, जिसका दौरा हिउ-एन-सियांग,[36] द्वारा किया गया था और जिसका उल्लेख पहले ही किया जा चुका है। इसलिए ऐसा प्रतीत होता है कि तखया के नाग लोग सरया के नाम से भी जाने जाते थे।

पुनः बाहरी हिमालय में, सतलज और ब्यास घाटियों के बीच, एक भूखण्ड है जिसे सारा या स्कॉराज कहा जाता है। इस जिले में नाग देवता प्रमुख देवता हैं जिनकी पूजा की जाती है।

ऊपरी चिनाब घाटी में एक और सिओराज है, और उस पर भी नाग उपासक लोगों का कब्जा है।

सरज, या सिओराज नाम, कर्नल टॉड के शिलालेख के सरया और सेओरी के समान प्रतीत होता है, जो गंगा घाटी के चेरु का वैकल्पिक नाम है। यह सराय के समान प्रतीत होता है, जिसे हम पहले ही देख चुके हैं, जो चेर या नाग का पुराना तमिल नाम है। जाहिर है, इसलिए, सरया या ताख्य, सतलज घाटी के सराज लोग, गंगा की घाटी के सेओरी या चेरु, और दक्षिणी भारत के चेर, सेरा, या केरल, एक जैसे नाग-पूजक लोगों की अलग-अलग शाखाएं हैं।

यह भी ध्यान रखना चाहिये कि हिमालय की कुछ बोलियों में किरा या किरी का अर्थ सर्प होता है। यह नाम, जिससे शायद किरात शब्द निकला था

बहुत बार हिमालय के लोगों के लिए राजतरंगिणी में पाया जाता है, जहाँ इसे कश्मीर या उसके आस-पास के लोगों पर लागू किया जाता है। किरस का उल्लेख वराह मिहिर द्वारा किया गया है, और प्रो. किलहॉर्न द्वारा प्रकाशित ताम्रपत्र में आया है।[37]

कांगड़ा घाटी में बैजनाथ मंदिर में एक शिलालेख किराग्राम को उस समय के नाम के रूप में बताता है।[38] स्थानीय बोली में इसका अर्थ नागों

का गांव होगा। नाग अभी भी बैजनाथ और पूरे पड़ोसी क्षेत्र में एक लोकप्रिय देवता हैं। किरा शब्द इस प्रकार नाग के लिए एक समकक्ष है, और इस पर शायद ही संदेह किया जा सकता है कि हिमालय के सर्प-पूजक किरा दक्षिण के द्रविड़ केरस, चेरस या केरल से निकटता से संबंधित थे।

नाम की समानता पर हमेशा भरोसा नहीं किया जा सकता, लेकिन यहां हमारे पास कुछ और है। ये लोग, जिनका पदनाम स्पष्ट रूप से एक ही है, सभी सौर जाति के हैं; वे सब फनवाले नाग की पूजा करते हैं; और वे सभी, पूर्वजों के रूप में, नाग देवी-देवताओं की पूजा करते हैं।

पूर्व वर्णन से यह पर्याप्त रूप से निश्चित प्रतीत होगा कि दक्षिणी भारत के द्रविड़ उत्तर के नागों या असुरों के समान ही थे।"

इस प्रकार यह स्पष्ट है कि नाग और द्रविड़ एक ही लोग हैं। इतने प्रमाणों के बाद भी हो सकता है, लोग इस थीसिस को स्वीकार करने के लिए तैयार न हों। इसे स्वीकार करने में मुख्य कठिनाई दक्षिण भारत के लोगों के द्रविड़ नाम रखने में है। उनके लिए यह पूछना स्वाभाविक है कि द्रविड़ शब्द दक्षिण भारत के लोगों तक ही सीमित क्यों रखा गया है यदि वे वास्तव में नाग हैं। आलोचक अवश्य ही पूछेंगे: यदि द्रविड़ और नाग एक ही लोग हैं, तो नाग नाम का उपयोग दक्षिण भारत के लोगों के लिए भी क्यों नहीं किया जाता है। निःसंदेह यह एक पहेली है। लेकिन यह ऐसी पहेली है जो समाधान से परे नहीं है। यदि कुछ तथ्यों को ध्यान में रखा जाए तो इसे हल किया जा सकता है।

भाषा के संबंध में स्थिति को ध्यान में रखना पहली बात है। आज दक्षिण भारत की भाषा उत्तरी भारत के लोगों की भाषा से भिन्न है। क्या यह हमेशा ऐसा था? इस प्रश्न पर श्री ओल्डहैम के अवलोकन ध्यान देने योग्य हैं।[39]

"यह स्पष्ट है कि प्राचीन संस्कृत वैयाकरण लोग द्रविड़ देशों की भाषा को उत्तरी भारत की स्थानीय भाषाओं से जुड़ा हुआ मानते थे; और यह कि, उनकी राय में, यह विशेष रूप से उन लोगों के भाषण से संबंधित था, जैसा

कि हमने देखा है, वे जाहिरा तौर पर असुर जनजातियों के वंशज थे। इस प्रकार, 'शहशा चंद्रिका' में, लक्ष्मीधर का कहना है कि पैशाची भाषा पांड्य, केकय, वाहलिक, सह्य, नेपाल, कुंतल, सुदेश, भोट, गांधार, हैव और कनोज के पैशाची देशों में बोली जाती है; और यह कि ये पैशाची देश हैं।[40] सभी स्थानीय बोलियों में, पैशाची में संस्कृत का सबसे कम मिश्रण है।[41]

यह स्पष्ट प्रतीत होता है कि असुर मूल रूप से एक ऐसी भाषा बोलते थे जो आर्यों से भिन्न थी। ऋग्वेद से प्रो. मुइर द्वारा कई अंश उद्धृत किए गए हैं, जिनमें 'मृदावाच' शब्द असुरों के भाषण पर लागू होता है (ऋ.vi. 74, 2; v. vi. 3; v. vii. 6)। इन परिच्छेदों में, प्रोफेसर मुइर कहते हैं: "मृदावाच शब्द, जिसका मैंने अनुवाद किया है "हानिकारक रूप से बोलना", सायण द्वारा समझाया गया है जिसका अर्थ है "जिसके वाचिक अंग नष्ट हो गए हों"।[42] अभिव्यक्ति का मूल अर्थ निस्संदेह यह था कि असुरों की भाषा आर्यों के लिए कमोबेश अबोधगम्य थी। यही व्याख्या ऋग्वेद के एक अन्य परिच्छेद पर भी लागू होगी, जहाँ कहा गया है: 'हम (इंद्र को प्रसन्न करके) अपशब्द बोलने वाले लोगों पर विजय प्राप्त करें।'[43]

शतपथ ब्राह्मण में हम पाते हैं कि 'असुर', वाणी से वंचित होने के कारण, असफल थे, रो रहे थे। 'हे लावा', 'हे लावा'। ऐसा अबोधगम्य भाषण था जो वह करते थे। और जो ऐसा बोलता है वह म्लेच्छ है। अतः कोई भी ब्राह्मण बर्बर भाषा न बोले, क्योंकि ऐसी वाणी असुरों की होती है।[44]

मनु से हमें ज्ञात होता है कि 'वे जातियाँ जो ब्रह्म के मुख, भुजाओं, जाँघों और पैरों से उत्पन्न वर्गों से बाहर हैं, चाहे वे म्लेच्छों की भाषा बोलते हों या आर्यों की, दस्यु कहलाते हैं।[45] अतः मनु के काल में आर्य भाषा और म्लेच्छों या असुरों की भाषा दोनों का उपयोग किया जाता था। हालाँकि, महाभारत में वर्णित अवधि में, असुर भाषा आर्यीकृत जनजातियों के बीच लगभग समाप्त हो गई होगी; क्योंकि विदुर ने युधिष्ठिर को म्लेच्छ भाषा में संबोधित किया, ताकि युधिष्ठिर को छोड़कर वह सभी के लिए अस्पष्ट हो।[46]

हालांकि, इसके बाद की अवधि में, व्याकरणविद् राम तर्कवागीश ने 'नागों की तरह बोलने वालों' का उल्लेख किया है।[47] इसलिए, ऐसा प्रतीत होता है कि अपरिवर्तित असुरों ने अपने पूर्वजों की भाषा, साथ ही धर्म और रीति-रिवाजों को लंबे समय तक बनाए रखा, जबकि उनके धर्मांतरित भाइयों ने उन्हें त्याग दिया था। स्पष्ट रूप से केवल इन अपरिवर्तित जनजातियों के बीच पैशाची बोलियाँ उपयोग में थीं; और इन कबीलों में, जैसा कि हमने अभी देखा, द्रविड़ पांड्य थे।[48]

यह विचार, कि तमिल और सजातीय भाषाएं प्राचीन असुर भाषा पर आधारित थीं, इस तथ्य से बहुत दृढ़ता से पुष्ट हो जाता है कि सिंध की सीमाओं पर एक जनजाति ब्राहुओं की भाषा उनके साथ बहुत निकटता से जुड़ी हुई पाई गई है। वास्तव में, डॉ. कैल्डवेल कहते हैं: 'ब्राहुई (भाषा) हमें सिंधु से परे, मध्य एशिया की दक्षिणी सीमा तक द्रविड़ जाति का पता लगाने में सक्षम बनाती है। यह देश, जैसा कि मैंने पहले ही बताया है, असुरों या नागाओं का घर था, जो स्पष्ट रूप से द्रविड़ साम्राज्यों के संस्थापक थे।'

सामने लाए गए सभी साक्ष्यों को ध्यान में रखते हुए, एकमात्र संभावित निष्कर्ष यही प्रतीत होता है, कि भारत के दक्षिण के द्रविड़, उत्तर के असुरों या नागाओं के समान ही थे।

दूसरी बात ध्यान देने की है कि 'द्रविड़' शब्द मूल शब्द नहीं है। यह 'तमिल' शब्द का संस्कृतनिष्ठ रूप है।

मूल शब्द 'तमिल' जब संस्कृत में आयात किया गया तो 'दमिल'[49] बन गया और बाद में दमिल 'द्रविड़' बन गया। द्रविड़ शब्द लोगों की भाषा का नाम है और लोगों की जाति को नहीं दर्शाता। तीसरी बात याद रखने की यह है कि तमिल या द्रविड़ केवल दक्षिण भारत की भाषा नहीं थी, बल्कि आर्यों के आने से पहले यह पूरे भारत की भाषा थी[50] और कश्मीर से केप कैमोरिन तक बोली जाती थी। वास्तव में, यह पूरे भारत में नागाओं की भाषा थी। ध्यान देने वाली अगली बात आर्यों और नागाओं के बीच संपर्क और नागाओं और उनकी भाषा पर इसका प्रभाव है। यह अजीब लग सकता

है कि उत्तर भारत के नागाओं पर इस संपर्क का प्रभाव दक्षिण भारत के नागाओं पर पड़ने वाले प्रभाव से काफी अलग था। उत्तर भारत में नागाओं ने अपनी मातृभाषा तमिल को छोड़ दिया और उसके स्थान पर संस्कृत को अपना लिया। दक्षिण भारत में नागाओं ने तमिल को अपनी मातृभाषा के रूप में बनाए रखा और आर्यों की भाषा संस्कृत को नहीं अपनाया। यदि इस अंतर को ध्यान में रखा जाए तो यह समझने में मदद मिलेगी कि द्रविड़ नाम केवल दक्षिण भारत के लोगों के लिए ही क्यों लागू किया गया। उत्तरी भारत के नागाओं के लिए द्रविड़ नाम के प्रयोग की आवश्यकता समाप्त हो गई थी क्योंकि उन्होंने द्रविड़ भाषा बोलना बंद कर दिया था। लेकिन जहां तक दक्षिण भारत के नागाओं का संबंध है, द्रविड़ भाषा के उपयोग के कारण न केवल उन्हें द्रविड़ बुलाने का औचित्य बना रहा, बल्कि उन्हें द्रविड़ कहने की आवश्यकता और अधिक बढ़ गई थी, क्योंकि जब उत्तर के नागाओं ने द्रविड़ भाषा का प्रयोग बंद कर दिया, तो दक्षिण वाले ही इसका प्रयोग करने वाले एकमात्र लोग रह गए थे। यही असली कारण है कि दक्षिण भारत के लोग द्रविड़ कहलाने लगे हैं।

इसलिए, दक्षिण भारत के लोगों के लिए द्रविड़ शब्द के विशेष प्रयोग से इस तथ्य को धुंधला नहीं पड़ना चाहिए कि नागा और द्रविड़ एक ही लोग हैं। वे एक ही लोगों के दो अलग-अलग नाम हैं। नाग एक नस्लीय या सांस्कृतिक नाम था और द्रविड़ उनका भाषाई नाम था।

इस प्रकार दास वही हैं जो नाग हैं और नाग वही हैं जो द्रविड़ हैं। दूसरे शब्दों में भारत की जातियों के बारे में हम जो कह सकते हैं वह यह है कि यहाँ अधिक से अधिक दो ही जातियाँ रही हैं, आर्य और नाग। जाहिर है मिस्टर राइस का सिद्धांत मुँह के बल गिर जाता है। क्योंकि यह तीन नस्लों की परिकल्पना करता है जब कि वास्तव में हम देखते हैं कि यहाँ केवल दो हैं।

द्वितीय

यदि यह मान भी लें कि द्रविड़ों के आगमन से पहले भारत में एक तीसरी आदिवासी जाति रहती थी, तो क्या यह कहा जा सकता है कि ये

द्रविड़-पूर्व आदिवासी वर्तमान भारत के अछूतों के पूर्वज थे? सच्चाई का पता लगाने के लिए हम दो परीक्षण कर सकते हैं। एक है मानवमितीय परीक्षण और दूसरा है नृवंशवैज्ञानिक परीक्षण।

भारतीय लोगों की मानवमितीय विशेषताओं के आलोक में विचार करने पर प्रो. घुर्ये के पास 'कास्ट एंड रेस इन इंडिया' पर अपने ग्रंथ में कुछ बहुत ही चौंकाने वाली बात है, जिसमें से निम्नलिखित उद्धरण दिया गया है:

"संयुक्त प्रांत के ब्राह्मण को प्राचीन आर्यों के विशिष्ट प्रतिनिधि के रूप में लेते हुए हम उसके साथ तुलना शुरू करेंगे। यदि हम अंतर सूचकांकों की तालिका की ओर मुड़ते हैं, तो हम पाते हैं कि वह छत्री के अलावा संयुक्त प्रांत की किसी भी जाति की तुलना में पंजाब के चुहरा और खत्री से एक छोटा अंतर सूचकांक दिखाता है। खत्री और चुहरा[51] के बीच अंतर सूचकांक संयुक्त प्रांत के ब्राह्मण और पंजाब के चुहरा के बीच की तुलना में थोड़ा ही कम है। इसका अर्थ यह है कि संयुक्त प्रांत के ब्राह्मण का अपने ही प्रांत की किसी भी जाति की तुलना में (छत्री की बहुत ऊंची जाति को छोड़कर) पंजाब के चुहरा और खत्री के साथ घनिष्ठतर शारीरिक साम्य है,... संयुक्त प्रांत के ब्राह्मण और पंजाब के चुहड़ा के बीच घनिष्ठ सम्बन्ध की वास्तविकता अधिक स्पष्ट रूप से सामने आती है यदि हम संयुक्त प्रांत के ब्राह्मण और अन्य क्षेत्रों के ब्राह्मणों के बीच अंतर सूचकांकों की तालिका को देखें। यहां तक कि संयुक्त प्रांत के ब्राह्मण और बिहार के ब्राहाण, जिसका बहुत घनिष्ठ सम्बन्ध, जैसा कि हम आर्य संस्कृति के प्रसार के इतिहास से जानते हैं, पहले वाले के साथ होना चाहिये, के बीच का अंतर सूचकांक उतना ही अधिक है जितना संयुक्त प्रांत के ब्राह्मण और चुहड़ा के बीच...ऐतिहासिक आधार पर हम उम्मीद करते हैं कि बिहार, संयुक्त प्रात के करीब होगा। तालिका को देखने पर हम पाते हैं कि कुर्मी, ब्राह्मण के निकट आते हैं, और चमार और डोम[52] उससे बहुत भिन्न हैं। लेकिन इस मामले में चमार ब्राह्मण से उतना अलग नहीं है जितना संयुक्त प्रांत का चमार संयुक्त प्रांत के ब्राह्मण से है। बंगाल की तालिका से पता चलता है कि चांडाल[53] जो एक सामाजिक प्रधानता की योजना में छठे

स्थान पर है और जिसका स्पर्श भी अपवित्र करता है, ब्राह्मण से बहुत अलग नहीं है, जिससे दूसरे स्थान पर आनेवाले कायस्थ को शायद ही अलग किया जा सकता है। बंबई में देशस्थ ब्राह्मण का सोन-कोली, एक मछुआरा जाति से उतना ही घनिष्ठ संबंध है, जितना कि अपने साथी, चितपावन ब्राह्मण से। अगले स्थान पर मराठा क्षेत्र के अछूत महार आते हैं, कुनबी, किसान के साथ। उसके बाद शेणवी ब्राह्मण, नागर ब्राह्मण और उच्च जाति के मराठा क्रम में आते हैं। ये नतीजे बहुत विचित्र हैं। सामान्यीकृत रूप से कहें तो इनका मतलब है कि बंबई में सामाजिक उन्नयन और भौतिक भेदभाव के बीच कोई सामंजस्य नहीं है।

अंत में हम मद्रास आते हैं। यहां हम अलग-अलग भाषाई क्षेत्रों को अलग-अलग लेंगे क्योंकि विभिन्न क्षेत्रों में सामाजिक प्राथमिकता की योजना अलग-अलग है। रिसले और ई थर्स्टन द्वारा दिए गए औसत के अनुसार जातियों का क्रम इस प्रकार है:

कापू, साले, मल्ला, गोला, मडिगा, फोगाटा और कोमती। उनकी सामाजिक स्थिति के अनुसार उन्हें निम्नानुसार स्थान दिया गया है:

ब्राह्मण, कोमती, गोला, कापू और अन्य और साले, फगोटा और अन्य। माला मडिगा तेलुगु देश के परिया होने के नाते सबसे निचले पायदान पर हैं।

कैनारिस में नेजल इंडेक्स निम्नलिखित क्रम देता है:

कर्नाटक स्मार्त, ब्राह्मण, बंट, बिलिवा, मंड्या ब्राह्मण, वक्कलिगा, गनिगा, लिंग बनजिगा, पंचाल, कुरहा, होलेया, देशस्थ ब्राह्मण, तोरेया और बेदार।

सामाजिक प्रधानता की योजना में जातियाँ निम्नानुसार हैं:

ब्राह्मण, बंट और वक्कलिगा, तोरेया, आदि, कुरुबा और गनिगा, बडगा और क्रुम्बा और सोलगा, बिलिवा, बेदा होलेया।

तुलना का महत्व तब बढ़ जाता है जब हम याद करते हैं कि कैनरी क्षेत्र के अछूत होलेया, का नासिका सूचकांक 75.1 है, जो कि सबसे उच्च

ब्राह्मण का 71.5 है, जबकि जंगल क्रुम्बा और सोलागा का, जिन्हें हिंदू होने पर सूची में उनकी वरीयता आवंटित की गई है, सूचकांक क्रमशः 86.1 और 85.1 है।

तमिल जातियों को उनके नासिका सूचकांक के अनुसार इस प्रकार व्यवस्थित किया जा सकता है:

अंबत्तन, वेल्लई, एडियायन, अगामुदैयन, तमिल ब्राह्मण, पल्ली, मलैयाली, शानन और परैयन। चार विशिष्ट मलयालम जातियों के नासिक सूचकांक हैं:

तियान, 75; नंबूदरी 75.5; नैयर 76.7; चारुमन 77.2। इनमें से सामाजिक पूर्वता का क्रम है: नंबूदरी, नायर, तियान और चारुमन। त्रावणकोर की जंगल जनजाति, कनिकर का नासिका सूचकांक 8.46 है। इस प्रकार, चारुमन (एक अप्राप्य) कानिकर के बजाय ब्राह्मण की जाति से अधिक संबंधित है।

अन्य समुदायों के बारे में कही गई बातों को उपरोक्त उद्धरण से हटाकर केवल अस्पृश्यों से संबंधित बातों पर ध्यान आकर्षित करने के लिए, यह स्पष्ट है कि पंजाब के चुहड़ा (अछूत) का नासिक इंडेक्स वही है जो संयुक्त प्रांत के ब्राह्मण का है; बिहार के चमार (अछूत) का नासिक इंडेक्स बिहार के ब्राह्मण से बहुत अलग नहीं है; कनारी जाति के होलेया (एक अछूत) का नासिक सूचकांक कर्नाटक के ब्राह्मण की तुलना में कहीं अधिक है और तमिल के चेरुमन (पारिया से एक अगम्य निचला) का नासिका सूचकांक उसी श्रेणी का है जिस श्रेणी का तमिल ब्राह्मण का है। यदि मानवमिति एक ऐसा विज्ञान है जिस पर लोगों की नस्ल निर्धारित करने के लिए निर्भर किया जा सकता है, तो हिंदू समाज के विभिन्न स्तरों पर इसके प्रयोग से प्राप्त परिणाम इस कथन को खारिज करते हैं कि अछूत आर्यों और द्रविड़ों से अलग नस्ल के हैं। माप स्थापित करते हैं कि ब्राह्मण और अछूत एक ही नस्ल के हैं।

इससे यह निष्कर्ष निकलता है कि यदि ब्राह्मण आर्य हैं तो अछूत भी आर्य हैं। यदि ब्राह्मण द्रविड़ हैं तो अछूत भी द्रविड़ हैं। यदि ब्राह्मण नाग

हैं तो अछूत भी नाग हैं। इस तरह के तथ्य होने के कारण, श्री राइस द्वारा प्रतिपादित सिद्धांत को गलत आधार पर आधारित कहा जाना चाहिए।

तृतीय

अस्पृश्यता का नस्लीय सिद्धांत न केवल मानवमिति के परिणामों के विपरीत चलता है, बल्कि इसे ऐसे तथ्यों से बहुत कम समर्थन मिलता है, जो कि हम भारत के नृवंशविज्ञान से जानते हैं। यह बात सर्वविदित है कि भारत के लोग कभी जनजातीय आधार पर संगठित थे, और हालाँकि जनजातियाँ जातियाँ बन गई हैं, फिर भी जनजातीय संगठन बरकरार है। प्रत्येक जनजाति को कुलों में विभाजित किया गया था और कुलों को परिवारों के समूहों से बनाया गया था। परिवारों के प्रत्येक समूह का एक कुलदेवता होता था जो कि कोई वस्तु, सजीव या निर्जीव होता था। जिनके पास एक सामान्य कुलदेवता था, उन्होंने एक बहिर्विवाही समूह का गठन किया, जिसे गोत्र या कुल के नाम से जाना जाता था। एक सामान्य गोत्र वाले परिवारों को अंतर्विवाह की अनुमति नहीं थी क्योंकि उन्हें एक ही पूर्वज के वंशज माना जाता था जिनकी रगों में एक ही रक्त दौड़ता था। इस तथ्य को ध्यान में रखते हुए, विभिन्न जातियों और समुदायों के बीच कुलदेवता के वितरण की एक परीक्षा को नस्ल का निर्धारण करने के लिए उतना ही अच्छा परीक्षण होना चाहिए जितना मानवमिति है।

दुर्भाग्य से, कुलदेवता के अध्ययन और विभिन्न समुदायों के बीच उनके वितरण को समाजशास्त्र के छात्रों द्वारा पूरी तरह से उपेक्षित किया गया है। यह उपेक्षा काफी हद तक जनगणना आयुक्तों द्वारा प्रचारित वर्तमान दृष्टिकोण के कारण है कि हिंदू सामाजिक व्यवस्था की वास्तविक इकाई और हिंदू समाज के ताने-बाने का आधार अंतर्विवाह के नियम पर स्थापित उप-जाति है। इससे बड़ी गलती कुछ नहीं हो सकती। हिन्दू समाज की इकाई उपजाति नहीं अपितु बहिर्विवाह के नियम पर स्थापित परिवार है। इस अर्थ में हिंदू परिवार मूल रूप से एक आदिवासी संगठन है न कि एक सामाजिक संगठन जैसा कि उपजाति है। हिंदू परिवार मुख्य रूप से कुल और गोत्र के विचार से विवाह के मामले में निर्देशित होता है और केवल

जाति और उप-जाति के विचारों से गौण होता है। कुल और गोत्र आदिम समाज के कुलदेवता के हिंदू समकक्ष हैं। इससे पता चलता है कि हिंदू समाज अभी भी कुल और गोत्र पर आधारित बहिर्गमन के नियमों का पालन करते हुए अपने संगठन में आदिवासी है, जिसका आधार परिवार है। जातियाँ और उप-जातियाँ सामाजिक संस्थाएँ हैं जो इस जनजातीय संगठन पर अध्यारोपित हैं और उनके द्वारा अनिवार्य किया गया अंतर्विवाह का नियम, कुल और गोत्र के जनजातीय संगठनों द्वारा आदेशित बहिर्विवाह के नियम को समाप्त नहीं करता।

इस तथ्य को पहचानने का महत्व स्पष्ट है कि यह परिवार ही है जो मौलिक है न कि उपजाति। इससे हिंदू परिवारों में प्रचलित कुल और गोत्र के नामों का अध्ययन होगा। इस तरह के अध्ययन से भारत के लोगों की नस्लीय संरचना का निर्धारण करने में बहुत मदद मिलेगी। यदि एक ही कुल और गोत्र विभिन्न जातियों और समुदायों में पाए जाते हैं तो यह कहना संभव होगा कि जातियाँ सामाजिक रूप से भिन्न होते हुए भी प्रजातीय रूप से एक थीं। इस तरह के दो अध्ययन किए गए हैं, एक महाराष्ट्र में रिसले (1) द्वारा और दूसरा पंजाब में, श्री रोज(2) द्वारा और परिणाम स्पष्ट रूप से इस सिद्धांत का खंडन करते हैं कि अछूत नस्लीय रूप से आर्यों या द्रविड़ों से भिन्न हैं। महाराष्ट्र में जनसंख्या का मुख्य भाग मराठों का है। महार महाराष्ट्र के अछूत हैं। मानवशास्त्रीय जांच से पता चलता है कि दोनों का कुल एक ही है। वास्तव में पहचान इतनी अधिक है कि मराठों में शायद ही कोई ऐसा कुल हो जो महारों में न पाया जाता हो और महारों में ऐसा कोई कुल नहीं है जो मराठों में न पाया जाता हो। इसी तरह, पंजाब में लोगों का एक मुख्य समूह जाट है। मजाबी सिख अछूत हैं, जिनमें से अधिकांश चमार जाति के हैं। मानवशास्त्रीय जांच से पता चलता है कि दोनों के एक ही गोत्र हैं। इन तथ्यों को देखते हुए यह तर्क कैसे दिया जा सकता है कि अछूत एक अलग नस्ल के हैं? जैसा कि मैंने कहा है कि यदि टोटेम, कुल और गोत्र का कोई महत्व है तो इसका मतलब यह है कि जिनका एक कुलदेवता है, वे सगे-सम्बन्धी रहे होंगे। और यदि वे सगोत्र हैं तो वे भिन्न नस्ल के नहीं हो सकते।

इसलिए, अस्पृश्यता की उत्पत्ति के नस्लीय सिद्धांत को त्याग दिया जाना चाहिए।

संदर्भ सूची

1. हिंदू रीति-रिवाज और उनकी उत्पत्तिः पृ. 113-115. (इटैलिक मूल में नहीं है।)
2. इस विषय के विस्तृत वर्णन के लिए मेरी पुस्तक "शूद्र कौन थे" देखें।
3. इस बिंदु पर मेरा खंड देखें: "शूद्र कौन थे?"
4. अगले कुछ पन्नों में बताए गए तथ्यों के लिए, भारतीय इतिहास कांग्रेस (1939) के तीसरे सत्र की कार्यवाही में सुश्री करुणाकर गुप्ता द्वारा प्राचीन भारतीय इतिहास में नागाओं और नागा पंथ पर एक पेपर देखें। पृ. 214 से और आगे.
5. I.A. VII. पृ. 34.
6. ई.एल. XV. पृ. 246.
7. एस.आई. I. II. पृ. 508.
8. ई.एल. XV. पृ. 41.
9. ईएल XV. पृ. 249.
10. आई.ए. XXII. पृ. 144-149.
11. ई.आई.आई. पृ. 229.
12. ई.आई.आई. पृ. 117.
13. जे.बी.ओ.आर.एस. XVI. पृ. 771
14. राजवाड़े.
15. आई.पी.एच.ए.आई, पृ. 280
16. कनिंघम ए जियो। भारत, पीपी. 611-12
17. जी.एम.आई. पृ. 23-24
18. पी.एच.ए.आई.पी. 364.
19. जी. आई. पी। 284.
20. जी. आई. पृ. 68.
21. जी.आई. पृ. 59.
22. I.A. XIII, पृ. 82.
23. B.Gaz II पृ. 115.
24. ELI पृ. 92 6. जी.आई. पृ. 298.
25. जी. आई. पी. 298.
26. भंडारकर की सूची संख्या 2100.

27. बंगाल III का शिलालेख पृ. 30.
28. ई.आई.VI, पृ. 45
29. सातवें अखिल भारतीय प्राच्य सम्मेलन की कार्यवाही, पृ. 248-49.
30. द सन एंड द सर्पेंट, पृ. 157-161.
31. इलियट सुपर शब्दकोष N.W.F. 135. 136.
32. Races of N.W.P, Sherring, पृ. 376, 377.
33. महाभारत, कर्ण, पृ. xiv.
34. कलकत्ता रिव्यू, जुलाई, 1896.
35. राजस्थान का इतिहास, 1795.
36. ह्वेन त्सांग, बील, पृ. 165.
37. राजतरंगिणी, स्टेन, viii। 27, 67, रैपसन जे.आर.ए.एस., जुलाई 1900, 533 2. जे.आर.ए.एस., जनवरी, 1903, पृ. 37.
38. जे.आर.ए.एस., जनवरी, 1903, पृ. 37.
39. सूर्य और सर्प।
40. और 41. मुइर ओ.एस.टी. 1149.
42. मुइर, ओ.एस.टी. द्वितीय। 49.
43. ऋग्वेद, विल्सन VII, XVIII, 13.
44. शतपथ ब्राह्मण तृतीय। 2, 1, 23.
45. मुइर, हौटन ×। 45.
46. महाभारत, आदि., जातगृह, पृ. cx/vii.
47. मुइर, ओ.एस.टी. द्वितीय। 52.
48. वही। 49.
49. बी.आर. भंडारकर, भारत के प्राचीन इतिहास पर व्याख्यान (1919), पृ. 80.
50. वही पृ. 25-28.
51. चूहरा पंजाब का एक अछूत है।
52. डोम बिहार का एक अछूत है।
53. चांडाल बंगाल का एक अछूत है।

अध्याय - 8

अस्पृश्यता की व्यावसायिक उत्पत्ति

अब हम अस्पृश्यता की उत्पत्ति के व्यावसायिक सिद्धांत की ओर मुड़ सकते हैं। श्री राइस के अनुसार, अस्पृश्यता की उत्पत्ति अस्पृश्यों के अस्वच्छ और गंदे व्यवसायों में पाई जाती है। सिद्धांत बहुत ही प्रशंसनीय है। लेकिन अस्पृश्यता की उत्पत्ति की सही व्याख्या के रूप में इसे स्वीकार किए जाने के मार्ग में कुछ कठिनाइयाँ हैं। अछूत जो गंदे और अस्वच्छ काम करते हैं, वे सभी मानव समाजों में पाए जाते हैं। प्रत्येक मानव समाज में ऐसे लोग होते हैं जो इन व्यवसायों को करते हैं। दुनिया के अन्य हिस्सों में ऐसे लोगों को अछूत क्यों नहीं माना जाता था? दूसरा प्रश्न यह है कि क्या द्रविड़ों को इस प्रकार के व्यवसायों से या इनमें लगे व्यक्तियों से घृणा थी? इस बिंदु पर कोई सबूत नहीं है। लेकिन हमारे पास आर्यों के बारे में सबूत हैं। उस साक्ष्य से पता चलता है कि आर्य अन्य लोगों की तरह ही थे और शुद्धता और अशुद्धता की उनकी धारणाएं अन्य प्राचीन लोगों की धारणाओं से मौलिक रूप से भिन्न नहीं थीं। केवल नारद स्मृति से निम्नलिखित लेखन पर विचार करना काफी है, यह दिखाने के लिए कि आर्यों को खुद को गंदे व्यवसायों में शामिल करने में कोई आपत्ति नहीं थी। अध्याय V में नारद सेवा के अनुबंध के उल्लंघन की विषय वस्तु पर विचार कर रहे हैं। इस अध्याय में निम्नलिखित श्लोक आते हैं:

1. ऋषियों ने विधि के अनुसार पाँच प्रकार के सेवकों का भेद किया है। इनमें चार प्रकार के मजदूर हैं; दास (पांचवीं श्रेणी हैं जिनमें) पंद्रह प्रजातियां हैं।

2. एक छात्र, एक प्रशिक्षु, एक भाड़े का नौकर और चौथा एक अधिकारी।
3. ऋषियों ने घोषणा की है कि इन सभी के लिए निर्भरता की स्थिति समान है लेकिन उनकी संबंधित स्थिति और आय उनकी विशेष जाति और व्यवसायों पर निर्भर करती है।
4. जान लो कि दो प्रकार के व्यवसाय होते हैं; शुद्ध कर्म और अशुद्ध कर्म; अशुद्ध काम वह है जो दासों द्वारा किया जाता है। शुद्ध काम वह है जो मजदूरों द्वारा किया जाता है।
5. फाटक, शौचालय, सड़क और कूड़ा उठाने के स्थान की सफाई करना; शरीर के गुप्त भागों को साफ करना; उच्छिष्ट भोजन, मूत्र और मल को उठाना और फेंकना।
6. और अंत में, मालिक की इच्छा होने पर उसके अंगों को खुजलाना; इसे अपवित्र कार्य मानना चाहिए। इसके अतिरिक्त अन्य सभी कार्य पवित्र हैं।

श्लो.25. इस प्रकार शुद्ध कर्म करने वाले सेवकों की चार श्रेणियां बताई गई हैं। अन्य सभी जो गन्दा काम करते हैं, वे दास हैं, जिनके पंद्रह प्रकार हैं:[1]

यह स्पष्ट है कि अशुद्ध कार्य दासों द्वारा किया जाता था और अशुद्ध कार्य में मैला ढोना शामिल था। प्रश्न उठता है कि ये गुलाम कौन थे? वे आर्य थे या अनार्य? आर्यों में दास प्रथा थी, इसमें कोई सन्देह नहीं। एक आर्य दूसरे आर्य का गुलाम हो सकता था। आर्य चाहे किसी भी वर्ण का हो, वह गुलाम हो सकता था। एक क्षत्रिय गुलाम हो सकता था। वैश्य भी हो सकता था। यहां तक कि एक ब्राह्मण भी गुलामी के कानून से अछूता नहीं था। जब चातुर्वर्ण को यहाँ के कानून के रूप में मान्यता दी गई तब जाकर गुलामी की व्यवस्था में बदलाव किया गया। यह परिवर्तन क्या था इसे नारद स्मृति के निम्नलिखित उद्धरण से देखा जा सकता है:

"39. (चार) जातियों के उलटे क्रम में गुलामी की व्यवस्था नहीं की जाती है, सिवाय इसके कि जहां एक व्यक्ति ने अपनी जाति के लिये

निर्धारित विशिष्ट कर्तव्यों का उल्लंघन किया हो। गुलामी (इस संबंध में) एक पत्नी की स्थिति के अनुरूप है"।

याज्ञवल्क्य भी कहते हैं कि:

"183(2) गुलामी वर्णों के अवरोही क्रम में है न कि आरोही क्रम में"

इसकी व्याख्या विज्ञानेश्वर ने अपने मिताक्षरा, याज्ञवल्क्य स्मृति पर एक भाष्य में निम्नलिखित शब्दों में की है:-

"ब्राह्मण और अन्य वर्णों के लिये, गुलामी की स्थिति अवरोही क्रम (अनुलोमेन) में मौजूद होगी। इस प्रकार, एक ब्राह्मण के, एक क्षत्रिय और बाकी सभी गुलाम हो सकते हैं; एक क्षत्रिय के, वैश्य और शूद्र; और एक वैश्य का, एक शूद्र; गुलामी की यह स्थिति अवरोही क्रम में संचालित होगी।"

श्लो.26: जो (अपने मालिक के) घर में पैदा हुआ हो; जो खरीदा गया हो; जो प्राप्त (उपहार द्वारा)हुआ हो; जो विरासत से प्राप्त हुआ हो; जिसका सार्वत्रिक अकाल के दौरान पालन किया गया हो; वह जो उसके वैध मालिक द्वारा गिरवी रख दिया गया हो।

श्लो. 27: वह जिसे भारी कर्ज से मुक्त कर दिया गया हो; वह जिसे लड़ाई में बंदी बना लिया गया हो; वह जिसे दांव के माध्यम से जीता गया हो; वह जो 'मैं तेरा हूँ' की घोषणा करते हुए आगे आया हो। जिसने तपस्या का त्याग कर दिया हो; वह जो एक निर्धारित अवधि के लिए गुलाम बना हो।

श्लो. 28: जो रखरखाव पाने के लिए गुलाम बन गया हो; जो एक महिला गुलाम के साथ संबंध के कारण गुलाम बनाया गया हो; और जिसने स्वयं को बेच डाला हो। ये कानून द्वारा घोषित गुलामों की 15 श्रेणियां हैं।

यह परिवर्तन गुलामी का एक पुनर्गठन मात्र था और श्रेणीबद्ध असमानता के सिद्धांतों का आधार था जो चातुर्वर्ण्य की आत्मा है। इसे एक ठोस रूप में रखने के लिए, नए कानून ने घोषणा की कि एक ब्राह्मण अपने दास के रूप में एक ब्राह्मण, क्षत्रिय, वैश्य और एक शूद्र को रख सकता है। एक

क्षत्रिय, क्षत्रिय, वैश्य और शूद्र को अपने दास के रूप में रख सकता था। एक वैश्य, वैश्य और शूद्र को अपने दास के रूप में रख सकता था। शूद्र के पास शूद्र ही हो सकता है। इन सबके साथ, गुलामी का कानून बना रहा और सभी आर्य चाहे वे ब्राह्मण, क्षत्रिय, वैश्य या शूद्र हों, अगर वे गुलाम बन गए तो वे इसके अधीन थे।

दासों के लिए निर्धारित कर्तव्यों के संबंध में, दासता के कानून में इस परिवर्तन का कोई महत्व नहीं था। इसका अभी भी यही अर्थ था कि ब्राह्मण यदि दास हो, क्षत्रिय यदि दास हो, वैश्य यदि दास हो, तो मेहतर का काम कर सकता था। केवल एक ब्राह्मण किसी क्षत्रिय, वैश्य या शूद्र के घर में मैला ढोने का काम नहीं करेगा। लेकिन वह एक ब्राह्मण के घर में सफाई कर सकता था। इसी प्रकार एक क्षत्रिय ब्राह्मण और क्षत्रिय के घर में मैला ढोता। केवल वह वैश्य या शूद्र के घर में नहीं करेगा और वैश्य ब्राह्मण, क्षत्रिय और वैश्य के घर में मैला साफ करेगा। केवल वह शूद्र के घर में ऐसा नहीं करेगा। इसलिए, यह स्पष्ट है कि ब्राह्मण, क्षत्रिय और वैश्य, जो वास्तव में आर्य हैं, मैला ढोने का काम कर सकते थे, जो कि सबसे गंदा पेशा है। यदि मैला ढोना किसी आर्य के लिए घिनौना नहीं था तो यह कैसे कहा जा सकता है कि अस्पृश्यता का कारण गंदा धंधा करना था। अस्पृश्यता की व्याख्या के रूप में गंदे व्यवसाय का सिद्धांत इसलिए मान्य नहीं है।

संदर्भ सूची

1. दासों के पंद्रह वर्गों को नारद स्मृति द्वारा निम्नलिखित श्लोकों में परिभाषित किया गया है।

भाग - 4

अस्पृश्यता की उत्पत्ति के नए सिद्धान्त

अध्याय IX. अस्पृश्यता के मूल में बौद्धों के लिये अवमानना
अध्याय X. गौमांस भक्षण अस्पृश्यता की जड़ में

अध्याय - 9

अस्पृश्यता के मूल में बौद्धों के लिये अवमानना

प्रथम

1870 ई.से प्रत्येक दस वर्षों के अंतराल पर जनगणना आयुक्त द्वारा प्रकाशित भारत की जनगणना रिपोर्ट में भारत के लोगों के सामाजिक और धार्मिक जीवन के बारे में जानकारी का जैसा खजाना है वैसा और कहीं नहीं है। 1910 की जनगणना से पहले जनगणना आयुक्त ने "धर्म के अनुसार जनसंख्या" नामक एक कॉलम रखा था। इस शीर्षक के तहत जनसंख्या को ऐसे दिखाया गया था (1) मुसलमान, (2) हिंदू, (3) ईसाई, आदि। 1910 की जनगणना रिपोर्ट ने इस प्रचलन से हटकर एक नई प्रणाली शुरू की। इसने पहली बार हिंदुओं को तीन अलग-अलग श्रेणियों में विभाजित किया,

(i) हिंदू, (ii) प्रकृतिपूजक और आदिवासी, और (iii) दलित वर्ग या अछूत। यह नया वर्गीकरण तब से जारी है।

द्वितीय

पूर्व के जनगणना आयुक्तों की पद्धति से इस तरह का हटना तीन सवाल खड़े करता है. पहला, किस कारण से 1910 की जनगणना के आयुक्त ने इस नए वर्गीकरण को पेश किया। दूसरा यह, कि इस वर्गीकरण के आधार के रूप में अपनाए गए मानदंड क्या थे। तीसरा यह है कि किन

कारणों से उन प्रथाओं का विकास हुआ जो हिंदुओं के ऊपर उल्लिखित तीन अलग-अलग श्रेणियों में विभाजन को उचित ठहराती हैं।

पहले प्रश्न का उत्तर 1909 में हिज हाइनेस आगा खान के नेतृत्व में मुस्लिम समुदाय द्वारा तत्कालीन वायसराय लॉर्ड मिंटो को दिए गए संबोधन में मिलेगा, जिसमें उन्होंने मुस्लिम समुदाय के लिए विधायिका, कार्यपालिका और सार्वजनिक सेवाओं में एक अलग और पर्याप्त प्रतिनिधित्व की मांग की थी।

संबोधन[1] में निम्नलिखित परिच्छेद आता है:-

"भारत के मुसलमानों की संख्या, 1901 में हुई जनगणना के अनुसार बासठ मिलियन से अधिक या महामहिम के भारतीय प्रभुत्व-क्षेत्र की कुल आबादी के पांचवें भाग और एक-चौथाई के बीच है, और अगर समुदाय के उन असभ्य भागों को घटा दिया जाए जो प्रकृतिपूजक तथा अन्य छोटे धर्मों के शीर्षक के तहत आते हैं साथ ही वे वर्ग भी जिन्हें आमतौर पर हिन्दू के रूप में वर्गीकृत किया जाता है, पर जो ठीक कहें तो बिल्कुल भी हिंदू नहीं हैं, तो हिन्दू बहुसंख्यकों के लिये मुसलमानों का अनुपात बहुत बड़ा हो जाता है।[2] इसलिए हम निवेदन के इच्छुक हैं कि प्रतिनिधित्व की किसी भी प्रणाली के तहत, विस्तारित या सीमित, एक समुदाय जो अपने आप में रूस को छोड़कर किसी भी प्रथम श्रेणी की यूरोपीय शक्ति की पूरी आबादी से अधिक संख्या वाला है, राज्य में एक महत्वपूर्ण कारक के रूप में पर्याप्त मान्यता का दावा कर सकता है।

"हम, वास्तव में, महामहिम की अनुमति से एक कदम और आगे बढ़ने का साहस करते हैं, और आग्रह करते हैं कि प्रत्यक्ष या अप्रत्यक्ष, किसी भी तरह के प्रतिनिधित्व में मोहम्मडन समुदाय को दी गई हैसियत, और जो किसी भी तरह से उनकी स्थिति और प्रभाव से संबंध रखती हो, को न केवल उनके संख्यात्मक बल के, बल्कि उनके राजनीतिक महत्व और साम्राज्य की रक्षा के लिए उनके योगदान के मूल्य के अनुरूप भी होना चाहिये, साथ ही हम यह भी आशा करते हैं कि महामहिम इस संबंध में उनकी उस स्थिति पर भी उचित विचार करने की कृपा करेंगे जो सौ साल

से कुछ ही ज्यादा समय पहले भारत में उनकी थी और जिसकी परंपराएं स्वाभाविक रूप से उनके दिमाग में धुंधली नहीं पड़ी हैं।"

इटैलिक वाले हिस्से का विशेष महत्व है। संबोधन में इसे यह सुझाव देने के लिए डाला गया था कि हिंदुओं की संख्या के साथ मुसलमानों की संख्या को समाहित करने में प्रकृतिपूजकों, आदिवासियों और अछूतों की आबादी को बाहर रखा जाना चाहिए। 1910 में जनगणना आयुक्त द्वारा अपनाए गए 'हिंदुओं' के इस नए वर्गीकरण का कारण बढ़े हुए पैमाने पर अलग प्रतिनिधित्व के लिए मुस्लिम समुदाय की इस मांग में निहित है। कम से कम हिंदुओं ने इस मांग को इसी तरह समझा।[3]

यह दिलचस्प है कि, पहला सवाल कि जनगणना आयुक्त ने वर्गीकरण की प्रणाली में यह बदलाव क्यों किया, दूसरे सवाल की तुलना में कम महत्वपूर्ण है। महत्वपूर्ण तो जनगणना आयुक्त द्वारा अपनाए गए उस आधार को जानना है, जिस आधार पर उसने हिंदुओं के विभिन्न वर्गों को (1) जो सौ प्रतिशत हिंदू थे और (2) जो नहीं थे, की श्रेणी में विभाजित किया था।

जनगणना आयुक्त द्वारा पृथक्करण के लिए अपनाए गए आधार को जनगणना आयुक्त द्वारा जारी परिपत्र में पाया जा सकता है जिसमें उन्होंने इन दो श्रेणियों को अलग करने के उद्देश्य[4] से कुछ परीक्षण निर्धारित किए थे। जो शत प्रतिशत हिन्दू नहीं थे, उनमें वे जातियाँ और जनजातियाँ शामिल थीं जो:-

(1) ब्राह्मणों के वर्चस्व को नकारती हैं।

(2) किसी ब्राह्मण या अन्य मान्यता प्राप्त हिंदू गुरु से मत्र प्राप्त नहीं करती।

(3) वेदों की सर्वोच्चता को नकारती हैं।

(4) हिंदू देवताओं की पूजा नहीं करतीं।

(5) अच्छे ब्राह्मणों द्वारा पारिवारिक पुजारी के रूप में सेवा नहीं लेतीं।

(6) कोई ब्राह्मण पुजारी नहीं रखतीं।

(7) हिंदू मंदिरों के आंतरिक भाग में प्रवेश से वंचित हैं।

(8) अशुद्धि का कारण बनती हैं (अ) स्पर्श द्वारा, या (ब) एक निश्चित दूरी के भीतर।

(9) मृतकों को दफनाती हैं।

(10) गाय का मांस खाती हैं और गाय का सम्मान नहीं करतीं।

इन दस परीक्षणों में से कुछ तो हिंदुओं को प्रकृतिपूजकों और आदिवासियों से अलग करते हैं। बाकी, हिंदुओं को अछूतों से अलग करते हैं। जो अस्पृश्यों को हिन्दुओं से विभाजित करते हैं वे हैं (2), (5), (6), (7), और (10)। और हमारा सरोकार मुख्यतः इन्हीं से है।

स्पष्टता के लिए इन परीक्षणों को भागों में विभाजित करना और उन पर अलग से विचार करना बेहतर होगा। यह अध्याय केवल (2), (5), और (6) पर विचार के लिए समर्पित है।

परीक्षण (2), (5) और (6) में सन्निहित प्रश्नों के जनगणना आयुक्त द्वारा प्राप्त उत्तरों से पता चलता है (1) कि अछूतों को ब्राह्मण से मंत्र प्राप्त नहीं होता है; (2) कि अछूतों की सेवा अच्छे ब्राह्मण पुजारियों द्वारा बिल्कुल नहीं की जाती है; और (3) कि अछूतों ने अपने स्वयं के पुजारियों को खुद से तैयार किया है। इन तथ्यों पर सभी प्रांतों के जनगणना आयुक्त एकमत हैं।[5]

इन तीनों प्रश्नों में से तीसरा सबसे महत्वपूर्ण है। दुर्भाग्य से जनगणना आयुक्त को इसका अहसास नहीं हुआ। क्योंकि अपनी पूछताछ में वह इस मामले की जड़ तक जाने में असफल रहा कि अछूतों को ब्राह्मण से मन्त्र क्यों नहीं मिल रहा था? कि ब्राह्मण अछूतों के पारिवारिक पुजारी के रूप में सेवा क्यों नहीं कर रहे थे? अछूत अपने खुद के पुजारी रखना क्यों पसंद करते हैं? इन तथ्यों का 'क्यों' ही है, जो इन तथ्यों से अधिक महत्वपूर्ण है। इन तथ्यों के 'क्यों' की जाँच होनी चाहिए। क्योंकि अस्पृश्यता की उत्पत्ति का रहस्य इसके पीछे छिपा है।

इस जांच में प्रवेश करने से पहले, यह बताया जाना जरूरी है कि जनगणना आयुक्त द्वारा की गई पूछताछ एक तरह से एकतरफा थी। इससे

पता चलता है कि ब्राह्मण अछूतों से दूर रहते थे। इसने इस तथ्य को प्रकाश में नहीं लाया कि अछूत भी ब्राह्मणों का तिरस्कार करते थे। बहरहाल, यह एक सच्चाई है। लोग यह सोचने के इतने अभ्यस्त हो चुके हैं कि ब्राह्मण अछूतों से श्रेष्ठ है और अछूत स्वयं को उस से कमतर स्वीकार करता है; कि यह कथन कि अछूत, ब्राह्मण को एक अपवित्र व्यक्ति के रूप में देखते थे, निश्चित रूप से उनके लिए बड़े आश्चर्य का विषय होगा। हालांकि इस तथ्य को कई लेखकों ने नोट किया है जिन्होंने अछूतों के सामाजिक रीति-रिवाजों का अवलोकन और परीक्षण किया है। इस बिंदु पर किसी भी संदेह को दूर करने के लिए, उनके लेखन से निम्नलिखित उद्धरणों पर ध्यान आकर्षित किया जाता है:-

इस तथ्य पर अब्बे डुबोइस ने गौर किया जो कहते हैं[6]:-

"यहां तक कि आज भी किसी गांव में एक पैरिया को ब्राह्मण की गली से गुजरने की इजाजत नहीं है, हालांकि कोई भी शहरों में उसके किसी ब्राह्मण के घर तक पहुंचने या गुजरने से रोक नहीं सकता, और न रोकता है। पैरिया अपनी तरफ से किसी भी परिस्थिति में किसी ब्राह्मण को अपने पैराचेरी (पैरिया झोपड़ियों का झुण्ड) से गुजरने की अनुमति नहीं देगा क्योंकि उसका दृढ़ विश्वास है कि यह उनकी बर्बादी का कारण बनेगा।"

तंजौर जिले के गजेटियर के संपादक श्री हेमिंग्स्वे कहते हैं:-

"ये जातियाँ (तंजौर जिले की परायण और पल्लन या चक्किलियन जातियाँ) अपने क्वार्टर में किसी ब्राह्मण के प्रवेश पर कड़ी आपत्ति जताती हैं, यह मानते हुए कि इससे उन्हें नुकसान होगा"।[7]

मैसूर के हासन जिले के होलेया की बात करते हुए, कप्तान जे.एस. एफ. गैकेंजी कहते हैं:-

"हर गांव की अपनी होलीगिरी होती है, जो कि होलियाओं, जो पहले के कृषक दास थे, के गांव की सीमा बाड़ के बाहर निवास वाले क्वार्टरों को कहा जाता है। मैंने सोचा था कि यह इस वजह से था कि

वे अशुद्ध जाति के रूप में माने जाते थे, जिनके स्पर्श से अपवित्रता होती है "[8]

यही कारण आम तौर पर ब्राह्मणों द्वारा दिया जाता है जो एक होलियार के हाथों से सीधे कुछ भी प्राप्त करने से इनकार करते हैं, और फिर भी ब्राह्मणों को लगता है कि अगर वे बिना छेड़छाड़ के होलीगिरी से गुजरने में सफल हो जाएं तो यह उनके लिए बड़ी किस्मत की बात होगी। इस पर होलियार मद्रास के लिए p. 51; पंजाब के लिए p. 109; UP के लिए p. 121; बड़ौदा के लिए p. 55; मैसूर के लिए p. 53; राजपुताना के लिए p. 94–105; त्रावणकोर के लिये p.198 कड़ी आपत्ति जताते हैं, और, यदि ब्राह्मण ने उनके आवासों में प्रवेश करने का प्रयास किया, तो वे एक समूह में बाहर निकलते थे और, कहा जाता है, पहले के समय में, उसे मार डालते थे। अन्य जातियों के सदस्य दरवाजे तक आ सकते थे, लेकिन उन्हें घर में प्रवेश नहीं करना था, क्योंकि इससे होलियर को अपशकुन होगा। यदि संयोग से कोई व्यक्ति भीतर घुस जाता था, तो मालिक ध्यान रखता था कि घुसने वाले के कपड़े को फाड़ दे, उसके एक कोने में थोड़ा सा नमक बाँध दे और उसे बाहर निकाल दे। ऐसा माना जाता था कि इससे आगन्तुक को मिलने वाला सौभाग्य निष्प्रभावी हो जाता, और घर के मालिक के लिये होने वाली बुराई टल जाती।

इस विचित्र घटना की व्याख्या क्या है? स्पष्टीकरण निश्चित रूप से स्थिति के मेल में होना चाहिए जैसी वह शुरुआत में थी, यानी जब अछूत अछूत नहीं थे, बल्कि टूटे हुए लोग थे। हमें यह पूछना चाहिए कि ब्राह्मणों ने टूटे हुए लोगों के धार्मिक समारोहों में भाग लेने से इनकार क्यों किया? क्या ऐसा था कि ब्राह्मणों ने कार्य करने से इनकार कर दिया? या ऐसा था कि टूटे हुए लोगों ने उन्हें आमंत्रित करने से मना कर दिया? ब्राह्मण टूटे हुए लोगों को अपवित्र क्यों मानते थे? टूटे हुए लोग ब्राह्मणों को अपवित्र क्यों मानते थे? इस विरोध का आधार क्या था?

इस शत्रुता को एक परिकल्पना से समझाया जा सकता है। वह यह है कि टूटे हुए लोग बौद्ध थे। इसलिये वे ब्राह्मणों का सम्मान नहीं करते थे,

उन्हें अपने पुजारी के रूप में नियुक्त नहीं करते थे और उन्हें अपवित्र मानते थे। दूसरी ओर ब्राह्मण टूटे हुए लोगों को नापसंद करते थे क्योंकि वे बौद्ध थे और उनके खिलाफ तिरस्कार और घृणा का उपदेश देते थे जिसके परिणामस्वरूप टूटे हुए लोगों को अछूत माना जाने लगा।

हमारे पास इस बात का कोई प्रत्यक्ष प्रमाण नहीं है कि टूटे हुए लोग बौद्ध थे। वास्तव में जब बहुसंख्यक हिंदू बौद्ध थे तब किसी साक्ष्य की आवश्यकता नहीं है। हम यह मान सकते हैं कि वे बौद्ध थे।

हिंदुओं के मन में बौद्धों के प्रति घृणा और द्वेष था और यह भावना ब्राह्मणों द्वारा पैदा की गई थी, यह तथ्य समर्थन के बिना नहीं है।

नीलकांत ने अपने प्रायश्चित मयूख[9] में मनु के एक श्लोक को उद्धृत किया है जो कहता है:-

> "यदि कोई व्यक्ति बौद्ध या पाचुपात के फूल, लोकायत, नास्तिक और महापातकी को छूता है, तो वह स्नान से खुद को शुद्ध करे।"

अपरार्क द्वारा अपनी स्मृति में इसी सिद्धांत का प्रचार किया गया है।[10] व्रधा हरित और आगे जाता है तथा बौद्ध मंदिर में प्रवेश को पाप घोषित करता है जिसमें अशुद्धता को दूर करने के लिए शुद्धिकरण स्नान की आवश्यकता होती है।

बुद्ध के अनुयायियों के प्रति घृणा और तिरस्कार की यह भावना कितनी व्यापक हो गई थी, यह संस्कृत नाटकों में दर्शाए गए दृश्यों से देखा जा सकता है। बौद्धों के प्रति इस दृष्टिकोण का सबसे स्पष्ट उदाहरण मृच्छकटिक में मिलता है। उस नाटक के दृश्य VII में नायक चारुदत्त और उसके मित्र मैत्रेय को शहर के बाहर उपवन में वसंतसेना की प्रतीक्षा करते हुए दिखाया गया है। वह नहीं आती और चारुदत्त उपवन छोड़ने का फैसला करता है। जैसे ही वे जाने लगते हैं, वे सवाहक नाम के बौद्ध भिक्षु को देखते हैं। उसे देखकर चारुदत्त कहता है:-

> "मित्र मैत्रेय, मैं वसंतसेना से मिलने के लिए व्याकुल हूँ...

आओ, चलते हैं। (थोड़ा चलने के बाद) आह! यहां एक अशुभ दृश्य है, एक बौद्ध भिक्षु हमारी ओर आ रहा है। (थोड़ा विचार करने के बाद) अच्छा, उसे इस तरफ आने दो, हम उस दूसरे रास्ते का अनुसरण करेंगे। (बाहर निकलना।)"

दृश्य VIII में, भिक्षु राजा के साले, सकारा के उपवन में है और एक कुंड में अपने कपड़े धो रहा है। सकारा विता के साथ आता है और साधु को जान से मारने की धमकी देता है। उनके बीच निम्नलिखित बातचीत बहुत कुछ खुलासा कर रही है:

"सकरा- ठहरो, दुष्ट साधु।

साधु- आह! ये रहे राजा के साले! क्योंकि किसी साधु ने उसे नाराज कर दिया है, अब वह किसी भी साधु को मारता है जिससे वह मिलता है।

सकारा- ठहरो, अब मैं तुम्हारा सिर ऐसे फोड़ूंगा जैसे सराय में मूली फोड़ते हैं। (उसे पीटता है)।

विता- मित्र, साधु को पीटना उचित नहीं है, जिसने संसार से तंग आकर भगवा वस्त्र धारण कर लिया है।

साधु- (स्वागत करता है) प्रसन्न हो जाओ, गृहस्थ भाई।

सकारा- मित्र, देखो। वह मुझे गाली दे रहा है।

विता- क्या कहता है?

सकारा- वह मुझे भाई (उपासक) कहता है। क्या मैं नाई हूँ?

विता- ओह! वह वास्तव में बुद्ध के भक्त के रूप में आपकी प्रशंसा कर रहा है।

सकारा- वह यहाँ क्यों आया है?

साधु- इन कपड़ों को धोने के लिए।

सकारा- आह! तुम दुष्ट साधु। मैं स्वयं भी इस कुंड में स्नान नहीं करता; मैं तुम्हें एक ही वार से मार डालूंगा।

काफी पिटाई के बाद साधु को जाने दिया जाता है। यहां हिंदू भीड़ के बीच एक बौद्ध भिक्षु है। उसका तिरस्कार और उपेक्षा होती है। उसके प्रति घृणा की भावना इतनी अधिक है कि लोग उस रास्ते से भी दूर हो जाते हैं जिस पर भिक्षु यात्रा कर रहा है। घृणा की भावना इतनी तीव्र है कि बौद्धों का प्रवेश हिंदुओं के बाहर निकलने के लिए पर्याप्त है। बौद्ध भिक्षु ब्राह्मण के साथ एक ही पायदान पर है। एक ब्राह्मण को मृत्यु–दंड नहीं हो सकता। वह शारीरिक दंड से भी मुक्त है लेकिन बौद्ध भिक्षु को पीटा जाता है और उसे मारा जाता है, बिना पछतावे के, बिना किसी खेद के जैसे कि इसमें कुछ भी गलत नहीं था।

यदि हम यह स्वीकार करते हैं कि टूटे हुए लोग बौद्ध धर्म के अनुयायी थे और उन्होंने ब्राह्मणवाद की ओर लौटने की परवाह नहीं की, जब उसने बौद्ध धर्म पर उतनी ही आसानी से विजय प्राप्त कर ली थी, जितनी आसानी से दूसरों ने की थी, तो हमारे पास दोनों प्रश्नों के लिए एक स्पष्टीकरण है। यह बताता है कि अछूत ब्राह्मणों को अशुभ क्यों मानते हैं, उन्हें अपने पुजारी के रूप में नियुक्त क्यों नहीं करते और उन्हें अपने आवास में प्रवेश करने की अनुमति भी नहीं देते हैं। यह भी बताता है कि टूटे हुए लोगों को अछूत क्यों माना जाने लगा। टूटे हुए लोग ब्राह्मणों से नफरत करते थे क्योंकि ब्राह्मण बौद्ध धर्म के दुश्मन थे और ब्राह्मणों ने टूटे हुए लोगों पर अस्पृश्यता थोप दी क्योंकि वे बौद्ध धर्म नहीं छोड़ते। इस तर्क के आधार पर यह निष्कर्ष निकाला जा सकता है कि अस्पृश्यता की जड़ों में एक घृणा और तिरस्कार था जो ब्राह्मणों ने बौद्धों के खिलाफ पैदा की थी।

क्या बौद्ध धर्म और ब्राह्मणवाद के बीच घृणा को एकमात्र कारण माना जा सकता है जिससे टूटे हुए लोग अछूत बन गए? जाहिर है, यह नहीं हो सकता। ब्राह्मणों द्वारा प्रचारित नफरत और तिरस्कार सामान्य रूप से बौद्धों के खिलाफ निर्देशित था, और विशेष रूप से टूटे हुए लोगों के खिलाफ। चूँकि अस्पृश्यता टूटे हुए लोगों से ही चिपकी हुई है, इसलिए यह स्पष्ट है कि कुछ अतिरिक्त परिस्थितियाँ भी थीं जिन्होंने टूटे हुए लोगों पर अस्पृश्यता की जकड़ बनने में अपनी भूमिका निभाई है। वह परिस्थितियाँ

क्या हो सकती थीं? हमें इसे सुनिश्चित करने की दिशा में अब अपने प्रयास को निर्देशित करना चाहिए।

संदर्भ सूची

1. भाषण के पाठ के लिए देखें मेरा पाकिस्तान पृष्ठ. 431.
2. इटैलिक मूल में नहीं है।
3. यह ऑपरेशन 1909 में मुस्लिम समुदाय द्वारा लॉर्ड मिंटो को दिए गए संबोधन के तुरंत बाद आया, जिसमें उन्होंने मुस्लिम समुदाय के लिए एक अलग और पर्याप्त प्रतिनिधित्व की मांग की थी। हिंदू को इसमें छल की गंध आ गई थी। जैसा कि जनगणना आयुक्त ने लिखाः-

   "संयोग से, जांच ने एक निश्चित मात्रा में गर्मी उत्पन्न की, क्योंकि दुर्भाग्य से यह ऐसे समय में हुआ जब विधान परिषदों में प्रतिनिधित्व के लिए हिंदुओं और मुसलमानों के प्रतिद्वंद्वी दावों पर बहस हो रही थी और पहलेवालों में से कुछ को डर था कि इससे हिंदुओं की श्रेणी से कुछ वर्गों का निष्कासन होगा और इससे उनके राजनीतिक महत्व पर प्रतिकूल प्रभाव पड़ेगा"। भाग I. पृ. 116.
4. भारत की जनगणना (1911) देखें। पान 1. पृ. 117

   मद्रास के लिए पृ. 51; पंजाब के लिए पृ. 109; यू.पी. के लिए पृ. 121; बड़ौदा के लिए पृ. 55; मैसूर के लिए पृ. 53; राजपूताना के लिए पृ. 94-105; त्रावणकोर के लिए पृ. 198.
5. देखें 1911 कि जनगणना, असम के लिये, p. 40; बंगाल, बिहार और उड़ीसा के लिए पृ. 282; CP. के लिये पृ. 73;
6. हिंदू मैनर्स एंड कस्टम्स (तीसरा संस्करण) पृ. 61 एफ.एन.
7. तंजौर जिले का गजेटियर (1906) पृ. 80.
8. भारतीय पुरावशेष 1873 11.65.
9. घारपुरे द्वारा संपादित, पृ. 95.
10. स्मृति सम्मुचय आई. पृ. 118.

अध्याय - 10

गौमांस भक्षण अस्पृश्यता की जड़ में

अब हम जनगणना आयुक्त द्वारा जारी परिपत्र में संदर्भित परीक्षण संख्या 10 को लेते हैं जिसका संदर्भ पिछले अध्याय में पहले ही दिया जा चुका है। परीक्षण गोमांस खाने से सम्बंधित है।

जनगणना रिटर्न से पता चलता है कि मृत गाय का मांस उन समुदायों द्वारा खाए जाने वाले भोजन का प्रमुख हिस्सा है, जिन्हें आम तौर पर अछूत समुदायों के रूप में वर्गीकृत किया जाता है। कोई भी हिंदू समुदाय, चाहे वह कितना भी नीचा क्यों न हो, गाय के मांस को नहीं छुएगा। दूसरी ओर, ऐसा कोई समुदाय नहीं है जो वास्तव में एक अछूत समुदाय है और जिसका मृत गाय से कोई लेना-देना नहीं है। कुछ उसका मांस खाते हैं, कुछ उसकी त्वचा उतारते हैं, कुछ उसकी खाल और हड्डियों से वस्तुएँ बनाते हैं।

जनगणना आयुक्त के सर्वेक्षण से, यह अच्छी तरह से स्थापित है कि अछूत बीफ खाते हैं। लेकिन सवाल यह है कि क्या गोमांस खाने का अस्पृश्यता की उत्पत्ति से कोई संबंध है? या यह अस्पृश्यों के आर्थिक जीवन की एक घटना मात्र है? क्या हम कह सकते हैं कि टूटे हुए लोगों को इसलिये अछूत माना जाने लगा क्योंकि वे गोमांस खाते थे? इस प्रश्न का सकारात्मक उत्तर देने में कोई हिचकिचाहट नहीं होनी चाहिए। कोई अन्य उत्तर तथ्यों के अनुरूप नहीं है जैसा कि हम उन्हें जानते हैं।

सबसे पहले, हमारे पास यह तथ्य है कि अछूत या मुख्य समुदाय जो उनमें आते हैं वे मृत गाय खाते हैं और जो मरी गाय खाते हैं वे अस्पृश्यता से कलंकित हैं और कोई अन्य नहीं। अस्पृश्यता और मृत गाय के उपयोग के बीच सह-संबंध इतना बड़ा और इतना घनिष्ठ है कि यह थीसिस कि यही अस्पृश्यता की जड़ है, अकाट्य प्रतीत होती है। दूसरे स्थान पर अगर कोई चीज है जो अछूतों को हिंदुओं से अलग करती है, तो वह गोमांस भक्षण है। हिंदुओं के भोजन संबंधी वर्जनाओं को एक सरसरी निगाह से देखने पर भी यही पता चलेगा कि भोजन के संबंध में दो वर्जनाएं ऐसी हैं जो एक विभाजन रेखा के रूप में कार्य करती हैं। एक वर्जना मांसाहार को निषिद्ध करती है। यह हिंदुओं को शाकाहारियों और मांस खाने वालों में विभाजित करती है। एक और वर्जना है जो गोमांस भक्षण के विरुद्ध है। यह हिंदुओं को गाय का मांस खाने वालों और न खाने वालों में बांटती है। अस्पृश्यता की दृष्टि से प्रथम विभाजक रेखा का कोई महत्व नहीं है। लेकिन दूसरी का है। क्योंकि यह पूरी तरह से स्पृश्यों को अछूतों से अलग कर देती है। स्पृश्य चाहे वे शाकाहारी हों या मांसाहारी, गाय का मांस खाने के विरोध में एकजुट हैं। उनके खिलाफ अस्पृश्य खड़े हैं जो बिना किसी पछतावे के और स्वाभाविक रूप से और आदतन गाय का मांस खाते हैं।[1]

इस संदर्भ में यह सुझाव देना दूर की कौड़ी नहीं होगा, कि जिन लोगों को गोमांस खाने से घृणा है, वे गोमांस खाने वालों को अछूत मानेंगे।

वास्तव में इस बात में कोई अटकल लगाने की जरूरत ही नहीं है कि गौमांस भक्षण अस्पृश्यता के बढ़ने का प्रमुख कारण था या नहीं। इस नए सिद्धांत को हिंदू शास्त्रों का समर्थन प्राप्त है। वेदव्यास स्मृति में निम्नलिखित श्लोक है जो उन समुदायों को निर्दिष्ट करता है जो अंत्यज की श्रेणी में शामिल हैं और ये कि उन्हें क्यों शामिल किया गया है।[2]

L. 12-13 - "चर्मकार (मोची), भट्ट (सैनिक), भिल्ल, रजक (धोबी), पुष्कर, नट (अभिनेता), व्रत, मेद, चांडाल, दास, श्वपक , और कोलिक- इन्हें अंत्यज माना जाता है, साथ ही वे अन्य भी जो गाय का मांस खानेवाले हैं।"

आम तौर पर स्मृतिकार कभी भी अपने विश्वासों के क्यों और कैसे की व्याख्या नहीं करते। लेकिन यहाँ एक अपवाद है। क्योंकि इस मामले में वेदव्यास अस्पृश्यता के कारणों की व्याख्या करते हैं। वाक्यखंड "साथ ही अन्य जो गाय का मांस खाते हैं" बहुत महत्वपूर्ण है। इससे पता चलता है कि स्मृतिकार जानते थे कि अस्पृश्यता की उत्पत्ति गोमांस खाने से होती है। वेदव्यास की उक्ति से तर्क ही समाप्त हो जाता है। कहना पड़ेगा कि यह सीधे अधिकारी के मुँह से आया है और जो महत्वपूर्ण है वह यह है कि यह तर्कसंगत भी है क्योंकि यह तथ्यों के अनुरूप है जैसा कि हम उन्हें जानते हैं।

अस्पृश्यता की उत्पत्ति की खोज में नए दृष्टिकोण ने अस्पृश्यता की उत्पत्ति के दो स्रोतों को सतह पर ला दिया है। एक है बौद्धों के प्रति ब्राह्मणों द्वारा फैलाया गया तिरस्कार और घृणा का सामान्य वातावरण और दूसरा है टूटे हुए लोगों द्वारा गोमांस खाने की आदत। जैसा कि कहा गया है, पहली परिस्थिति अस्पृश्यता के कलंक के लिए पर्याप्त नहीं हो सकती जो टूटे हुए लोगों से जुड़ा हुआ है। बौद्धों के लिए ब्राह्मणों द्वारा फैलाया गया तिरस्कार और अवमानना बहुत सामान्य था और सभी बौद्धों को प्रभावित करता था, न कि केवल टूटे हुए लोगों को। टूटे हुए लोग ही अछूत क्यों हुए इसका कारण यह है कि बौद्ध होने के अलावा उन्होंने गोमांस खाने की अपनी आदत को जारी रखा, जिसने ब्राह्मणों को गाय के प्रति अपने प्रेम और श्रद्धा को उसकी तार्किक परिणति तक ले जाने के लिये रुष्ट होने का अतिरिक्त आधार दिया। इसलिए हम यह निष्कर्ष निकाल सकते हैं कि टूटे हुए लोगों को इस आधार पर तिरस्कार और अवमानना का सामना करना पड़ा कि वे बौद्ध थे और उनकी अस्पृश्यता का मुख्य कारण गोमांस भक्षण था।

अस्पृश्यता के कारण के रूप में गोमांस खाने का सिद्धांत भी कई सवालों को जन्म देता है। आलोचक निश्चित रूप से पूछेंगे: हिंदुओं में गौमांस भक्षण के विरुद्ध जो चिढ़ है, उसका कारण क्या है? क्या हिन्दू हमेशा गौमांस भक्षण का विरोध करते थे? यदि नहीं, तो उन्होंने इसके खिलाफ ऐसी उबकाई क्यों पैदा की? क्या अछूतों को शुरू से ही गौमांस

खाने की आदत थी? जब हिन्दुओं ने गौमांस खाना छोड़ दिया था तब उन्होंने गौमांस खाना क्यों नहीं छोड़ा? क्या अछूत हमेशा से अछूत थे? यदि एक समय था जब अस्पृश्य गोमांस खाने के बावजूद अछूत नहीं थे तो बाद में गोमांस खाने से अस्पृश्यता क्यों पैदा हुई? अगर हिंदू गोमांस खाते थे, तो उन्होंने इसे कब छोड़ा? यदि अस्पृश्यता गौमांस भक्षण के विरुद्ध हिन्दुओं की जिद का प्रतिबिंब है, तो हिन्दुओं द्वारा गौमांस खाना छोड़ने के कितने समय बाद अस्पृश्यता अस्तित्व में आई? इन सवालों का जवाब दिया जाना चाहिए। इन सवालों के जवाब के बिना, सिद्धांत संदेह के घेरे में रहेगा। इसे भले ही प्रशंसनीय माना जाए लेकिन इसे निर्णायक के रूप में स्वीकार नहीं किया जा सकता। सिद्धांत सामने रखने के बाद, मैं इन सवालों का जवाब देने के लिए बाध्य हूँ। मैं निम्नलिखित शीर्षों को लेने का प्रस्ताव करता हूँ:–

(1) क्या हिन्दू कभी बीफ नहीं खाते थे?

(2) हिंदुओं ने गोमांस खाना क्यों छोड़ दिया?

(3) किस कारण से ब्राह्मण शाकाहारी बन गए?

(4) गोमांस भक्षण ने अस्पृश्यता को क्यों जन्म दिया? और

(5) अस्पृश्यता का जन्म कब हुआ?

संदर्भ सूची

1. अछूतों ने गोमांस खाने के लिए हिंदुओं द्वारा लगाए गए आरोपों की शक्ति को महसूस किया है। अछूतों ने आदत छोड़ने के बजाय एक ऐसा दर्शन ईजाद किया है जो मरी हुई गाय के मांस को खाने को सही ठहराता है। दर्शन का सार यह है कि मृत गाय का मांस खाना, गाय के शव को हवा में फेंकने की अपेक्षा गाय के प्रति सम्मान दिखाने का एक बेहतर तरीका है।
2. काणे के धर्म शास्त्र के इतिहास–खंड 11, भाग 1 पृष्ठ 71 में उद्धृत।

भाग - 5
नए सिद्धांत और कुछ प्रश्न

अध्याय XI. क्या हिन्दू कभी गौमांस नहीं खाते थे?
अध्याय XII. गैर-ब्राह्मणों ने गौमांस खाना क्यों छोड़ दिया?
अध्याय XIII. ब्राह्मणों को शाकाहारी बनने के लिए किसने प्रेरित किया?
अध्याय XIV. गौमांस खाने से टूटे हुए लोग अछूत क्यों हो गए?

अध्याय - 11

क्या हिन्दू कभी गौमांस नहीं खाते थे?

इस प्रश्न पर कि क्या हिन्दू कभी गौमांस खाते थे, हर स्पृश्य हिन्दू, चाहे वह ब्राह्मण हो या गैर-ब्राह्मण, 'नहीं, कभी नहीं' कहेगा। एक मायने में वह सही है। प्रारंभिक काल से किसी हिंदू ने बीफ नहीं खाया है। यदि स्पृश्य हिन्दू अपने उत्तर से केवल इतना ही कहना चाहता है तो इस पर कोई झगड़ा नहीं होना चाहिए। लेकिन जब विद्वान ब्राह्मण इसपर बहस करते हैं कि हिंदुओं ने न केवल कभी गोमांस नहीं खाया बल्कि वे हमेशा गाय को पवित्र मानते थे और गाय की हत्या का हमेशा विरोध करते थे, तो उनके विचार को स्वीकार करना असंभव है।

इस कथन के समर्थन में क्या सबूत है कि हिंदुओं ने कभी गोमांस नहीं खाया और गाय की हत्या का विरोध किया?

ऋग्वेद में सन्दर्भों की दो श्रृंखलाएँ हैं जिन पर निर्भर किया गया है। इनमें से एक में गाय को अघन्या कहा गया है। वे हैं ऋग्वेद 1.164, 27; IV.1.6; V. 82-8; VII.69. 71; X.87। अघन्या का अर्थ है

'जो वध के योग्य न हो'। इससे यह तर्क दिया जाता है कि यह गाय की हत्या के खिलाफ निषेध था और चूंकि धर्म के मामले में वेदों का अंतिम अधिकार है, इसलिए यह निष्कर्ष निकाला जाता है कि आर्य गायों की हत्या नहीं कर सकते थे, और गोमांस तो खा ही नहीं सकते थे। संदर्भों की एक अन्य श्रृंखला में गाय को पवित्र बताया गया है। वे हैं ऋग्वेद VI.28.1.8 और VIII.101.15।

इन श्लोकों में गाय को रुद्रों की माता, वसु की पुत्री, आदित्यों की बहिन और अमृत के केंद्र के रूप में संबोधित किया गया है। इस विषय पर एक अन्य संदर्भ ऋग्वेद VIII.101.16 में है जहां गाय को देवी कहा गया है।

ब्राह्मणों और सूत्रों के कुछ अंशों पर भी विश्वास किया गया है।

शतपथ ब्राह्मण में दो परिच्छेद हैं जो पशु बलि और गोमांस खाने से संबंधित हैं। एक III.1.2.21 में है जो निम्नानुसार है:-

"वह (अध्वर्यु) फिर उसे स्थान में प्रवेश कराते हैं। वह गाय या बैल का (मांस) न खाए, क्योंकि गाय और बैल निस्संदेह यहां पृथ्वी पर सब कुछ का पालन करते हैं। देवता बोले, 'सचमुच, गाय और बैल यहाँ सब कुछ का पालन करते हैं; आओ, हम गाय और बैल को वह सारा बल प्रदान करें जो अन्य जातियों (प्राणियों की) के पास था; और इसलिए गाय और बैल सबसे ज्यादा आहार करें। इसलिए यदि कोई बैल या गाय का (मांस) खाता है, तो ऐसा होगा, जैसे कि, उसने सब कुछ खा लिया हो, या, जैसे कि, वह अंत (या विनाश) तक चला गया हो ... इसलिये वह गाय और बैल का (मांस) न खाए।"

दूसरा परिच्छेद 1, 2, 3, 6 पर है। यह पशु बलि के खिलाफ और नैतिक आधार पर बोलता है।

इसी तरह का एक बयान आपस्तंभ धर्म सूत्र में 1, 5, 17, 29 में निहित है। आपस्तंभ गौमांस खाने पर एक सामान्य प्रतिबंध लगाता है।

इस तर्क के समर्थन में यह सबूत है कि हिंदुओं ने कभी बीफ नहीं खाया। इस साक्ष्य से क्या निष्कर्ष निकाला जा सकता है?

जहाँ तक ऋग्वेद के प्रमाणों का संबंध है, यह निष्कर्ष ग्रंथों के गलत पठन और गलतफहमी पर आधारित है। ऋग्वेद में गाय के लिए प्रयुक्त विशेषण अघन्या का अर्थ है एक ऐसी गाय जो दूध दे रही हो और इसलिए मारे जाने के योग्य नहीं हो। ऋग्वेद में गाय की वंदना की गई है, यह निश्चित रूप से सत्य है। लेकिन गाय के प्रति इस आदर और सम्मान की

अपेक्षा भारतीय-आर्यों जैसे कृषक समुदाय से ही की जा सकती है। गाय की उपयोगिता के इस प्रयोग ने आर्यों को भोजन के उद्देश्य से गाय को मारने से नहीं रोका। वास्तव में गाय को इसलिए मारा जाता था क्योंकि गाय को पवित्र माना जाता था। जैसा कि श्री काणे कहते हैं:

"ऐसा नहीं था कि वैदिक काल में गाय पवित्र नहीं थी, यह उसकी पवित्रता के कारण था कि वाजसनेयी संहिता में यह ठहराया गया है कि गोमांस खाया जाना चाहिए।"[1]

ऋग्वेद के आर्य भोजन के लिए गायों का वध करते थे और गोमांस खाते थे, यह ऋग्वेद से ही स्पष्ट है। ऋग्वेद (X. 86.14) में इंद्र कहते हैं:- "वे एक 15 और बीस बैलों के लिए खाना बनाते हैं"। ऋग्वेद (X.91.14) कहता है कि अग्नि के लिए घोड़ों, बैलों, बंजर गायों और मेढ़ों की बलि दी जाती थी। ऋग्वेद (X.72.6) से ऐसा प्रतीत होता है कि गाय को तलवार या कुल्हाड़ी से मारा जाता था।

शतपथ ब्राह्मण की गवाही को लें, तो क्या इसे निर्णायक कहा जा सकता है? जाहिर है, यह नहीं हो सकता। क्योंकि अन्य ब्राह्मणों में ऐसे अंश हैं जो कुछ अलग राय देते हैं।

केवल एक उदाहरण दिया जाए, तो तैत्तिरीय ब्राह्मण में वर्णित काम्यष्टियों में, न केवल बैलों और गायों की बलि दी गई है, बल्कि हमें यह भी बताया गया है कि किस देवता को किस प्रकार के बैल और गायों की बलि की जानी चाहिए। इस प्रकार, विष्णु को बलिदान के लिए एक बौना बैल चुना जाना है; वृत्र के संहारक के रूप में इंद्र के लिये माथे पर एक ज्वाला के साथ एक झुका हुआ सींग वाला बैल; एक काली गाय पूषन को; रुद्र को एक लाल गाय; और इसी तरह। तैत्तिरीय ब्राह्मण ने पंचसारदीय-सेवा नामक एक और बलिदान का उल्लेख किया है, जिसका सबसे महत्वपूर्ण तत्व सत्रह पांच वर्षीय कूबड़ रहित, बौने-बैल, और तीन साल से कम उम्र के कई बौने बछियों का बलिदान था।

आपस्तम्ब धर्म सूत्र के कथन के विपरीत, निम्नलिखित बातों पर ध्यान दिया जा सकता है।

पहला विपरीत कथन उसी सूत्र में निहित है। 14, 15, 29 पर सूत्र कहता है:-

"गाय और बैल पवित्र हैं और इसलिए उन्हें खाना चाहिए"।

दूसरा है गृह्य सूत्र में निहित मधुपर्क का नुस्खा। आर्यों में महत्वपूर्ण अतिथियों के स्वागत का शिष्टाचार रिवाज बन गया था और एक समारोह बन गया था। सबसे महत्वपूर्ण भेंट मधुपर्क थी। मधुपर्क के बारे में विस्तृत विवरण विभिन्न गृह्य सूत्रों में पाया जाता है। अधिकांश गृह्य सूत्रों के अनुसार छह व्यक्ति हैं जिन्हें मधुपर्क के साथ सेवा पाने का अधिकार है;

(1) ऋत्विज या ब्राह्मण जिसे यज्ञ करने के लिए बुलाया गया है, (2) आचार्य, शिक्षक, (3) दूल्हा (4) राजा (5) स्नातक, वह छात्र जिसने अभी-अभी गुरुकुल में अपनी पढ़ाई पूरी की है और (6) कोई भी व्यक्ति जो यजमान को प्रिय हो। कुछ इस सूची में अतिथि को जोड़ते हैं। ऋत्विज, राजा और आचार्य को छोड़कर बाकी लोगों को वर्ष में एक बार मधुपर्क अर्पित किया जाता है। ऋत्विज, राजा और आचार्य को यह हर बार उनके आने पर अर्पित किया जाना है।

यह मधुपर्क किससे बना था ? मधुपर्क चढ़ाने में मिश्रित पदार्थों को लेकर मतभेद है। अश्व.गृ.और आप.गृ. (13.10) शहद और दही या घी और दही का मिश्रण लिखते हैं। दूसरे जैसे पारा.गृ. 13 तीनों (दही, शहद और मक्खन) का मिश्रण बताते हैं। आप. गृ. (13.11-12) कुछ के दृष्टिकोण को बताता है कि उन तीन को मिश्रित किया जा सकता है या पांच (वे तीन तले हुए यव अनाज और जौ के साथ)। हिर.गृ. I, 12, 10-12 पांच में से तीन (दही, शहद, घी, पानी और पिसा हुआ अनाज) मिलाने का विकल्प देते हैं। कौशिक सूत्र (92) नौ प्रकार के मिश्रणों की बात करता है, जैसे, ब्रह्म (शहद और दही)। ऐन्द्र (पयसा का), सौम्य (दही और घी), पौषना (घी और मंथा), सारस्वत (दूध और घी), मौसला (मदिरा और घी, इसका उपयोग केवल सौत्रमणि और राजसूय यज्ञों में किया जाता है), परिव्राजक (तिल का तेल और तेल केक)। माधव ग्र.आई. 9.22 कहता है कि वेद घोषणा करता है कि मधुपर्क मांस के बिना नहीं

होना चाहिए और इसलिए यह सिफारिश करता है कि यदि गाय को छोड़ दिया जाता है, तो बकरी का मांस या पायसा (दूध में पका हुआ चावल) चढ़ाया जा सकता है; हिर.गृ. 1.13, 14 कहता है कि अन्य मांस चढ़ाया जाना चाहिए; बौ. गृ.(1.2,51–54) कहता है कि जब गाय को छोड़ दिया जाता है, तो बकरी या मेढ़े का मांस या कोई वन मांस (हिरण आदि) की पेशकश की जा सकती है, क्योंकि मांस के बिना कोई मधुपर्क नहीं हो सकता है या यदि कोई मांस पेश करने में असमर्थ है तो वह पिसे हुए अनाज को पका सकता है।

इस प्रकार मधुपर्क में आवश्यक तत्व मांस और विशेष रूप से गाय का मांस है।

अतिथि के लिए गाय की हत्या इस हद तक बढ़ गई थी कि अतिथि को 'गो-घना' कहा जाने लगा, जिसका अर्थ है गाय का हत्यारा। गायों के इस वध से बचने के लिए अश्वलायन ग्रह सूत्र (1.24.25) सुझाव देता है कि शिष्टाचार के नियम से बचने के लिए अतिथि के आने पर गाय को खुला छोड़ देना चाहिए।

तीसरा, आपस्तम्ब धर्म सूत्र की गवाही का विरोध करने के लिए मृतकों के निपटान से संबंधित अनुष्ठान का संदर्भ दिया जा सकता है। सूत्र कहता है[2]–

"1. उसके बाद उसे निम्नलिखित (यज्ञ) औजार (मृत शरीर पर) रखना चाहिए

2. दाहिने हाथ में (चम्मच यानी) गुहू।

3. बाईं ओर (दूसरा चम्मच यानी) उपभृत।

4. उसके दाहिनी ओर स्फ्य नामक लकड़ी की बलि की तलवार, उसके बाईं ओर अग्निहोत्रहवनी (अर्थात, वह कलछी जिससे अग्निहोत्र की आहुति दी जाती है)।

5. उसकी छाती पर (बड़ी बलि की करछी) ध्रूव। उसके सिर पर बर्तन। उसके दांतों पर दबने वाले पत्थर।

6. उसकी नाक के दोनों ओर दो छोटी बलि देवियों अर्थात श्रुवास का आह्वान होता है।
7. या, यदि केवल एक (स्रुवा) है, तो उसे तोड़कर (दो टुकड़ों में)।
8. उनके दोनों कानों पर दो प्रसित्रहरण (अर्थात् वे पात्र जिनमें ब्राह्मण के यज्ञ का भाग) रखा जाता है।
9. या, यदि केवल एक (प्रसित्रहरण) है, तो उसे तोड़कर (दो टुकड़ों में)।
10. उसके पेट पर बर्तन (जिसे पत्री कहा जाता है)।
11. और वह कटोरा जिसमें (बलि का) कटा हुआ भाग रखा जाता है।
12. उसके गुप्त भागों पर (दण्ड जिसे) सामी कहा जाता है।
13. उसकी जांघों पर दो जलती हुई लकड़ी।
14. उसकी टांगों पर ओखली और मूसल।
15. उसके पांवों पर दो टोकरियां।
16. या यदि एक ही (टोकरी) हो तो उसके दो टुकड़े कर देना।
17. जिन औजारों में खोखला हो (जिसमें द्रव डाला जा सकता है) छिड़का हुआ मक्खन भरा जाता है।
18. पुत्र (मृत व्यक्ति का) अपने लिए चक्की के नीचे और ऊपर का पत्थर ले ले।
19. और तांबे, लोहे और मिट्टी के बरतन के हथियार।
20. पशु के गोबर को निकालकर उसे (मृत व्यक्ति के) सिर और मुंह को इस पद्य के साथ ढँक देना चाहिए, 'लेकिन कवच पर (जो आपकी रक्षा करेगा) अग्नि के विरुद्ध, जो कि अग्नि से आता है गाय।' (ऋग्वेद। X.16.7)।
21. पशु के गुर्दों को निकालकर उसे (मृत शरीर के) हाथों में इस छंद के साथ रख देना चाहिए, दो शिकारी कुत्तों से बच जाओ, सरमा के पुत्र (ऋग्वेद X. 14.10) दाहिने गुर्दे को दाहिने हाथ में और बाएं हाथ में छोड़ दे।

22. वह मृत के हृदय पर पशुओं का हृदय रखता है।
23. और कुछ आचार्यों के अनुसार आटे या चावल की दो गांठें।
24. कुछ शिक्षकों के अनुसार गुर्दे न होने पर ही।
25. पूरे (जानवर), अंग-अंग को बांटकर (उसके अलग-अलग अंगों को मृतक के संबंधित अंगों पर रखकर) और उसे अपनी खाल से ढक कर, जब वह प्रणिता जल को आगे बढ़ाता है (श्लोक), 'अग्नि' इस प्याले को मत उलटो,' (ऋग्वेद, X.16.8)।
26. अपने बाएँ घुटने को मोड़कर दक्षिण अग्नि में 'अग्नि स्वाहा, काम स्वाहा, जगत् स्वाहा, अनुमति स्वाहा' इन सूत्रों से यज्ञ आहुति देनी चाहिए।
27. मृतक की छाती पर पाँचवाँ (आहुति) इस सूत्र के साथ 'इससे तुम्हारा जन्म हुआ है। अब वह तुझसे उत्पन्न हो। स्वर्ग लोकों को स्वाहा।'

अश्वलायन ग्रह्य सूत्र से उद्धृत उपरोक्त अंश से यह स्पष्ट है कि प्राचीन इंडो-आर्यों के बीच जब किसी व्यक्ति की मृत्यु हो जाती थी, तो एक जानवर को मारना पड़ता था और जानवर के अंगों को मृत शरीर के उचित भागों पर रखा जाता था। शरीर जला दिया जाता था।

गो-वध और गौ-मांस भक्षण के विषय में साक्ष्यों की यही स्थिति है। इसके किस भाग को सत्य माना जाए? सही दृष्टिकोण यह है कि शतपथ ब्राह्मण और आपस्तंब धर्म सूत्र की गवाही जहां तक इस बात का समर्थन करती है कि हिंदू गाय-हत्या और गोमांस खाने के खिलाफ थे, केवल गौ-हत्या की ज्यादतियों के खिलाफ उपदेश हैं न कि गौहत्या पर प्रतिबंध। वास्तव में उपदेशों से सिद्ध होता है कि गाय की हत्या और गोमांस खाना एक आम बात हो गई थी। इन उपदेशों के बावजूद गो-हत्या और गौ-मांस भक्षण जारी रहा। आर्यों के महान ऋषि याज्ञवल्क्य के आचरण से यह सिद्ध होता है कि बहुधा वे अनसुनी कर देते थे। ऊपर उद्धृत शतपथ ब्राह्मण का पहला परिच्छेद वास्तव में एक उपदेश के रूप में याज्ञवल्क्य को संबोधित किया गया है। याज्ञवल्क्य ने क्या प्रतिक्रिया दी? याज्ञवल्क्य ने उपदेश सुनकर यह कहा:-

"मैं, तो इसे खाता हूँ, बशर्ते कि यह कोमल हो"

बौद्ध सूत्रों में दिए गए यज्ञों के वर्णन से, जो वेदों और ब्राह्मणों की तुलना में बहुत बाद के काल से संबंधित हैं, यह बात सिद्ध होती है कि एक समय हिंदू गायों को मारते थे और गोमांस खाते थे। जिस पैमाने पर गायों और जानवरों का वध किया गया वह बहुत बड़ा था। धर्म के नाम पर ब्राह्मणों द्वारा सभी अवसरों पर किये गए इस तरह के वध का कुल योग देना संभव नहीं है। हालाँकि इस वध की सीमा का कुछ अंदाजा बौद्ध साहित्य में इसके संदर्भ से लगाया जा सकता है। एक दृष्टान्त के रूप में कूटदंत सुत्त का संदर्भ दिया जा सकता है जिसमें बुद्ध ने ब्राह्मण कूटदंत को पशु बलि के कृत्य के खिलाफ उपदेश दिया था। बुद्ध, हालांकि व्यंग्यात्मक उपहास के स्वर में बोलते हैं, पर वैदिक बलिदानों की प्रथाओं और अनुष्ठानों पर एक अच्छा विचार देते हैं जब वह कहते हैं:

"और आगे, हे ब्राह्मण, उस यज्ञ में न तो कोई बैल मारे गए थे, न ही बकरियां, न ही पक्षी, न ही मोटे सूअर, और न ही किसी प्रकार के जीवित प्राणियों को मौत के घाट उतारा गया था। खंभे के रूप में उपयोग करने के लिए कोई पेड़ नहीं काटा गया, बलि स्थल के चारों ओर दबाव डालने के लिए कोई दरभा घास नहीं काटी गई। और जो दास और दूत और काम करने वाले वहां काम करते थे, वे न तो बेंतों से और न भय से हांके जाते थे, और न मुंह पर आंसू लिए रोते हुए अपना काम करते थे।"

दूसरी ओर बुद्ध को उनके धर्मांतरण के लिए धन्यवाद देते हुए कूटदंत ऐसे बलिदानों में हुए पशुओं के वध की भयावहता का अंदाजा देते हैं जब वे कहते हैं:-

> "मैं, यहाँ तक कि मैं अपने आप को आदरणीय गौतम को अपने मार्गदर्शक के रूप में, सिद्धांत और व्यवस्था के लिए समर्पित करता हूँ। आदरणीय मुझे एक शिष्य के रूप में स्वीकार करें, एक ऐसे व्यक्ति के रूप में, जिसने आज से, जब तक जीवन है, उसे अपना मार्गदर्शक बना लिया है। और मैं, हे गौतम, सात सौ बैल, और सात सौ बछिया, और सात सौ घोड़ियों, और सात सौ बकरियां, और सात सौ मेढ़ों को

स्वतंत्र कर दूंगा। मैं उन्हें उनका जीवन प्रदान करता हूँ। वे घास खाएं और ताजा पानी पिएं और उनके चारों ओर ठंडी हवाएं चले।"

संयुक्त निकाय (III, 1–9) में हमारे पास कोशल के राजा पसेनदी द्वारा किए गए यज्ञ का एक और वर्णन है। ऐसा कहा जाता है कि पाँच सौ बैल, पाँच सौ बछड़े और कई बकरियाँ, बकरियाँ और मेढ़े बलि देने के लिए खंभे तक ले जाए जाते थे।

इस प्रमाण से कोई भी संदेह नहीं कर सकता कि एक समय था जब हिंदू-ब्राह्मण और गैर-ब्राह्मण दोनों ही मांस ही नहीं बल्कि गोमांस भी खाते थे।

संदर्भ सूची

1. धर्म शास्त्र विचार (मराठी) पृ. 180.
2. काणे का खंड द्वितीय, भाग I, पृ. 545.

अध्याय - 12

गैर-ब्राह्मणों ने गौमांस खाना क्यों छोड़ दिया?

हिंदुओं के विभिन्न वर्गों की खान-पान की आदतें उनके संप्रदायों की तरह ही निश्चित और स्तरीकृत रही हैं। जैसे हिंदुओं को उनके पंथ के आधार पर वर्गीकृत किया जा सकता है, वैसे ही उन्हें उनके भोजन की आदतों के आधार पर वर्गीकृत किया जा सकता है। अपने पंथों के आधार पर, हिंदू या तो शैव (शिव के अनुयायी) या वैष्णव (विष्णु के अनुयायी) हैं। इसी तरह, हिंदू या तो मांसाहारी हैं (जो मांस खाते हैं) या शाकाहारी (जो मांस नहीं खाते)।

सामान्य प्रयोजनों के लिए हिन्दुओं का मांसाहारी और शाकहारी दो वर्गों में विभाजन पर्याप्त हो सकता है। लेकिन यह स्वीकार किया जाना चाहिए कि यह संपूर्ण नहीं है और हिंदू समाज में मौजूद सभी वर्गों का ध्यान नहीं रखता है। एक व्यापक वर्गीकरण के लिए, हिंदुओं के मांसाहारी नामक वर्ग को आगे दो उप-वर्गों में विभाजित करना होगा: (i) वे जो मांस खाते हैं लेकिन गाय का मांस नहीं खाते हैं; और (ii) जो गाय के मांस सहित मांस खाते हैं; दूसरे शब्दों में, खान-पान की वर्जनाओं के आधार पर हिन्दू समाज तीन वर्गों में बँटा हुआ है: (i) वे जो शाकाहारी हैं; (ii) जो मांस खाते हैं पर गाय का मांस नहीं खाते; और (iii) गाय के मांस सहित मांस खाने वाले। इस वर्गीकरण के अनुरूप, हम हिंदू समाज में तीन वर्ग पाते हैं: (1) ब्राह्मण; (2) गैर-ब्राह्मण; और (3) अछूत। यद्यपि यह विभाजन चातुर्वर्ण्य कहे जाने वाले समाज के चतुर्धा विभाजन के अनुरूप नहीं है, फिर भी यह तथ्यों के अनुसार ही है। क्योंकि, ब्राह्मणों[1] में हमारे पास एक

वर्ग है जो शाकाहारी है, गैर-ब्राह्मणों में वह वर्ग जो मांस खाता है लेकिन गाय का मांस नहीं खाता है और अस्पृश्यों में एक वर्ग है जो गाय के मांस सहित मांस खाता है।

इसलिए यह तिगुना विभाजन पर्याप्त है और तथ्यों के अनुरूप है। यदि कोई इस वर्गीकरण को अपने दिमाग में रखे तो उसका गैर-ब्राह्मणों की स्थिति से चकित होना तय है। शाकाहार को कोई भी आसानी से समझ सकता है। मांसाहार को भी भली-भाँति समझ सकता है। लेकिन यह समझना कठिन है कि एक मांसाहारी व्यक्ति को एक प्रकार के मांस अर्थात् गाय के मांस पर आपत्ति क्यों करनी चाहिए। यह एक विसंगति है जो स्पष्टीकरण की मांग करती है। गैर-ब्राह्मणों ने गोमांस खाना क्यों छोड़ दिया? इस प्रयोजन के लिए इस विषय पर कानूनों की जांच करना आवश्यक है। प्रासंगिक कानून या तो अशोक के कानून या मनु के कानून में पाया जाना चाहिए।

द्वितीय

शुरुआत अशोक से करते हैं। अशोक के शिलालेख जिनमें इस मामले का संदर्भ है, वे हैं रॉक शिलालेख संख्या I और स्तंभ शिलालेख संख्या II और V.

रॉक शिलालेख संख्या I में इस प्रकार लिखा है:-

"यह पवित्र शिलालेख उनके पवित्र और कृपालु महामहिम राजा के आदेश से लिखा गया है। यहाँ (राजधानी में) बलि के लिए किसी भी जानवर का वध नहीं किया जा सकता है, न ही अवकाश भोज का आयोजन किया जा सकता है, क्योंकि महामहिम, राजा को छुट्टी की दावतों में बहुत अपराध दिखाई देता है, हालाँकि कुछ स्थानों पर छुट्टी की दावतें उनके पवित्र और दयालु राजा के देखने में उत्कृष्ट हैं।

"पूर्व में, उनके पवित्र और दयालु राजा की रसोई में, हर दिन करी बनाने के लिए कई लाख जीवित प्राणियों का वध किया जाता था। लेकिन अब, जब यह पवित्र शिलालेख लिखा जा रहा है, करी के लिए केवल तीन

जीवित प्राणियों (दैनिक) का वध किया जाता है, दो मोर और एक मृगः मृग, हालांकि, हमेशा नहीं। आगे से वे तीन प्राणी भी न बलि किए जाएं।"

स्तंभ शिलालेख संख्या II निम्नलिखित शब्दों में थाः

"इस प्रकार उनकी पवित्र और दयालु महिमा, राजा कहते हैं:-

"पवित्रता का कानून उत्कृष्ट है। लेकिन पवित्रता का कानून कहाँ है? इन बातों में, बुद्धि के लिए, थोड़ी धर्मपरायणता, कई अच्छे कर्म, करुणा, उदारता, सच्चाई और पवित्रता।"

आध्यात्मिक अंतर्दृष्टि का उपहार मैंने कई तरीकों से दिया हैः दो पैरों और चार पैरों वाले प्राणियों पर, पक्षियों और जल के निवासियों पर, मैंने जीवन के वरदान तक विभिन्न उपकार प्रदान किए हैं; और भी बहुत से भले काम मैंने किए हैं।

इस प्रयोजन के लिए, मैंने इस पवित्र आदेश को लिखा है, कि मनुष्य इसकी शिक्षा के अनुसार चल सकते हैं, और यह लंबे समय तक बना रह सकता है; और जो उसकी शिक्षा पर चलेगा, वह अच्छा करेगा।"

स्तंभ शिलालेख V कहता हैः

"इस प्रकार उनकी पवित्र और दयालु महिमा, राजा ने कहाः

जब मेरा छब्बीस साल पहले अभिषेक किया गया था, तब निम्नलिखित प्रजातियों को वध से मुक्त घोषित किया गया था, अर्थात्ः तोते, भुखमरी सहायक, ब्राह्मणी बत्तख, कलहंस, पांडिमुख, जिलेटस,

चमगादड़, रानी-चींटियां, मादा कछुआ, हड्डी रहित मछली, वेदवेयक, गंगापूतक, स्केट, (नदी) कछुआ, साही, पेड़-गिलहरी, बारहसिंघा, ब्राह्मणी बैल, बंदर, गैंडा, ग्रे कबूतर गांव कबूतर, और सभी चौपाए जानवर जिनका उपयोग या खाया नहीं जाता है।

बकरियां, भेड़ें, गायें, यानी जो या तो युवा हैं या दूध देती हैं, उनके साथ-साथ छह महीने की उम्र तक उनकी संतान भी वध से मुक्त हैं।

मुर्गों की कटाई नहीं करनी चाहिए।

भूसी को इसमें जीवित वस्तुओं समेत नहीं जलाना चाहिए।

उपद्रव के लिए या जीवित प्राणियों को नष्ट करने के लिए जंगलों को नहीं जलाया जाना चाहिए।

जीवित को जीवित प्राणी नहीं खिलाना चाहिए। तीन मौसमी पूर्णिमाओं में से प्रत्येक पर, और तिष्य (दिसंबर-जनवरी) महीने की पूर्णिमा पर प्रत्येक मामले में तीन दिनों के लिए, अर्थात् पहले पखवाड़े के चौदहवें और पंद्रहवें दिन, और दूसरे पखवाड़े के पहले दिन , साथ ही पूरे वर्ष के पहले दिनों में, मछलियों को मारने की मनाही की जाती है और उन्हें बेचा नहीं जा सकता है।

"उन्हीं दिनों में, हाथी-अभयारण्य या मछली-तालाबों में जानवरों के किसी अन्य वर्ग को नष्ट नहीं किया जा सकता है।

प्रत्येक पखवाड़े के आठवें, चौदहवें और पंद्रहवें दिन के साथ-साथ तिष्य और पुनर्वास के दिनों और त्योहारों के दिनों में, बैलों का बधियाकरण नहीं किया जाना चाहिए, न ही बकरों, मेढ़े, सूअर और अन्य बधिया करने योग्य जानवरों को बधिया किया जा सकता है।

तिष्य और पुनर्वास के दिनों में, मौसमी पूर्णिमा के दिनों में, और मौसमी पूर्णिमा के पखवाड़े के दौरान घोड़ों और बैलों पर निशानी नहीं करनी चाहिए।

मेरे अभिषेक की छब्बीसवीं वर्षगांठ तक पच्चीस की जेल से मुक्ति हो चुकी है।"

ये था अशोक का विधान।

तृतीय

आइए मनु की ओर मुड़ें। उनके कानूनों में मांसाहार के संबंध में निम्नलिखित प्रावधान हैं:-

"V.11. उसे सभी मांसाहारी पक्षियों और गांवों में रहने वाले, और एक खुर वाले जानवरों (के आहार) से बचना चाहिये, जिन्हें (खाने की) विशेष रूप से अनुमति नहीं है, और तिथभा (पारा) जकाना।

V.12. गौरैया, प्लाव, हम्सा, ब्राह्मणी बत्तख, गाँव-मुर्गा, सरसा सारस, रग्गुदल, कठफोड़वा, तोता, और भूखा।

V.13. चोंच से मारकर खाने वाले, जाले-पैर वाले पक्षी, कोयष्टी, पैर की उंगलियों से खुरचने वाले, गोता लगाने वाले और मछलियों पर रहने वाले, कत्लखाने का मांस और सूखा मांस।

V.14. बक और बलाका सारस, कौआ, खंगार्तक (जानवर) जो मछली खाते हैं, गाँव-सूअर और सभी प्रकार की मछलियाँ।

V.15. जो किसी (जानवरों) का मांस खाता है, वह उस (विशेष) प्राणी का मांस खाने वाला कहलाता है, जो मछली खाता है वह हर (प्रकार) मांस का भक्षक होता है; इसलिए उसे मछली से दूर रहने दो।

V.16. (लेकिन मछली) पाथिन और (जिसे कहा जाता है) रोहिता खाया जा सकता है, अगर देवताओं या पितरों को चढ़ाने के लिए इस्तेमाल किया जाता है; इसी तरह (कोई खा सकता है) सभी अवसरों पर रागिवास, सिंहतुंड और सासलका।

V.17. उसे एकान्त या अज्ञात जानवरों और पक्षियों को नहीं खाना चाहिए, भले ही वे खाने योग्य प्राणियों (की श्रेणियों) के अंतर्गत आते हों, न केवल पांच पंजों वाले (जानवरों)।

V.18. साही, हेजहोग, इगुआना, गैंडा, कछुआ, और खरगोश खाने योग्य घोषित किये जाते हैं; वैसे ही वे (पालतू जानवर) जिनके एक जबड़े में दांत होते हैं, ऊंटों को छोड़कर।

चतुर्थ

यहां जानवरों के वध पर अशोक और मनु दोनों द्वारा कानून का सर्वेक्षण किया गया है। हमें निश्चित रूप से मुख्यतः गाय पर विचार करना है। अशोक के कानून की जांच करते हुए सवाल यह है कि क्या। उसने गाय की हत्या पर रोक लगा दी थी? इस मुद्दे पर मतभेद नजर आ रहा है। प्रोफेसर विंसेंट स्मिथ का मत है कि अशोक ने गाय की हत्या पर रोक नहीं

लगाई थी। इस विषय पर अशोक के विधान पर टिप्पणी करते हुए प्रो. स्मिथ कहते हैं:[2]

"यह उल्लेखनीय है कि अशोक के नियमों में गाय के वध की मनाही नहीं है, जो स्पष्ट रूप से वैध बना रहा।"

प्रो. राधाकुमुद मुकर्जी प्रो. स्मिथ का विरोध करते हैं और कहते हैं कि[3] अशोक ने गाय के वध पर रोक लगा दी थी। प्रो. मुकर्जी स्तंभ अभिलेख V के संदर्भ में छूट के नियम का हवाला देते हैं जो सभी चौपाए जानवरों पर लागू होता था और तर्क देते हैं कि इस नियम के तहत गाय को मारने की मनाही की गई थी। यह राजाज्ञा के कथन का सही पठन नहीं है। राजाज्ञा का कथन एक विशिष्ट बयान है। यह सभी चार पैरों वाले जानवरों को नहीं बल्कि केवल उन चार पैरों वाले जानवरों का उल्लेख करता है, 'जिनका उपयोग या खाया नहीं जाता है।' एक गाय को ऐसा चौपाया जानवर नहीं कहा जा सकता जिसका उपयोग या खाया नहीं जाता था। प्रो. विंसेंट स्मिथ का यह कहना सही प्रतीत होता है कि अशोक ने गाय के वध पर रोक नहीं लगाई थी। प्रो. मुकर्जी यह कहकर कठिनाई से बाहर निकलने का प्रयास करते हैं कि अशोक के समय गाय नहीं खाई जाती थी और इसलिए निषेध के दायरे में आ गई थी। उनका कथन बिल्कुल बेतुका है क्योंकि गाय एक जानवर थी जिसे सभी वर्गों द्वारा खूब खाया जाता था।

राजाज्ञा से जबरन कोई अर्थ निकालना और अशोक द्वारा गोवध पर प्रतिबंध दिखाना बिल्कुल अनावश्यक है जैसा कि प्रो. मुकर्जी ने किया है, जैसे कि ऐसा करना उनका कर्तव्य था। अशोक को गाय में कोई विशेष रुचि नहीं थी और उसे मारने से बचाने के लिए कोई विशेष कर्तव्य नहीं था। अशोक जीवन-मात्र की, चाहे वह मानव का हो या पशु का, पवित्रता में विश्वास रखता था। जहाँ जीवन लेना आवश्यक नहीं था वहाँ जीवन लेने पर रोक लगाना अपना कर्तव्य समझता था। इसलिए उसने यज्ञ[4] के लिए पशु की बलि देने पर रोक लगा दी, जिसे वह अनावश्यक मानता था और ऐसे जानवरों की बलि पर भी, जिनका उपयोग नहीं किया जाता और न ही

खाया जाता है, जो मनमाना और अनावश्यक होता। यह कि उसने विशेष रूप से गाय के वध पर रोक नहीं लगाई, एक ऐसे तथ्य के रूप में लिया जा सकता है जिसे इस मामले में बौद्ध दृष्टिकोण को देखते हुए अशोक के विरुद्ध दोष देने के आधार के तौर पर इस्तेमाल नहीं किया जा सकता।

मनु की बात करें तो इसमें कोई संदेह नहीं कि उन्होंने भी गाय के वध का निषेध नहीं किया था। बल्कि उन्होंने कुछ अवसरों पर गाय का मांस खाना अनिवार्य कर दिया।

तो फिर गैर-ब्राह्मणों ने गोमांस खाना क्यों छोड़ दिया? उनकी ओर से इस परिवर्तन का कोई स्पष्ट कारण प्रतीत नहीं होता है। लेकिन इसके पीछे जरूर कोई कारण होगा। मैं जो सुझाव देना चाहता हूँ वह यह है कि ब्राह्मणों की नकल करने की उनकी इच्छा के कारण ही गैर-ब्राह्मणों ने गोमांस खाना छोड़ दिया। यह एक नया विचार हो सकता है पर यह कोई असंभव विचार नहीं है। जैसा कि, फ्रांसीसी लेखक, गेब्रियल टार्डे ने कहा है कि एक समाज के भीतर संस्कृति निम्न वर्गों द्वारा श्रेष्ठ वर्गों के तरीकों और शिष्टाचारों की नकल से फैलती है। यह अनुकरण अपने प्रवाह में इतना नियमित है कि इसका कार्य उतना ही यांत्रिक है जितना कि एक प्राकृतिक नियम का कार्य। गेब्रियल टार्डे नकल के नियम की बात करते हैं। इन नियमों में से एक यह है कि निम्न वर्ग हमेशा उच्च वर्गों की नकल करता है। यह ऐसे सामान्य ज्ञान का विषय है कि शायद ही कोई व्यक्ति इसकी वैधता पर सवाल उठाता पाया जाएगा।

यह विवाद से परे है कि गैर-ब्राह्मणों के बीच गाय-पूजा का प्रसार और गैर-ब्राह्मणों द्वारा गोमांस खाने की समाप्ति गैर-ब्राह्मणों द्वारा ब्राह्मणों की नकल करने की आदत के कारण हुई है, जो निस्संदेह उनके वरिष्ठ थे। बेशक ब्राह्मणों द्वारा गौ-पूजा के पक्ष में व्यापक प्रचार किया गया था। गायत्री पुराण इसी प्रचार का एक अंश है। लेकिन प्रारंभ में यह अनुकरण के प्राकृतिक नियम का परिणाम था। बेशक, यह एक और सवाल खड़ा करता है: ब्राह्मणों ने गोमांस खाना क्यों छोड़ दिया?

संदर्भ सूची

1. भारत के ब्राह्मण दो वर्गों में आते हैं (1) पंच द्रविड़ और (2) पंच गौड़। पहले वाले शाकाहारी हैं, बाद वाले नहीं हैं।
2. स्मिथ, अशोक, पृ. 58.
3. मुखर्जी, अशोक पृ. 21, 181, 184.
4. देखें: शिलालेख न. 1.

अध्याय - 13

ब्राह्मणों को शाकाहारी बनने के लिए किसने प्रेरित किया?

गैर-ब्राह्मणों ने स्पष्टतया एक क्रांति की है। गौमांस भक्षण त्याग कर उससे विरत हो जाना वास्तव में एक क्रांति थी। लेकिन यदि गैर-ब्राह्मणों ने एक क्रांति की, तो ब्राह्मणों ने दो क्रांति की। उन्होंने गोमांस खाना छोड़ दिया जो एक क्रांति थी। और मांसाहार को पूरी तरह त्याग देना और शाकाहारी हो जाना एक और क्रांति थी।

यह एक क्रांति थी, जो सवाल से परे है। क्योंकि जैसा कि पिछले अध्यायों में दिखाया जा चुका है, एक समय था जब ब्राह्मण सबसे बड़े गौमांसभक्षक थे। हालाँकि गैर-ब्राह्मण भी गोमांस खाते थे, लेकिन वे इसे हर दिन नहीं खा सकते थे। गाय एक महंगा जानवर था और गैर-ब्राह्मण केवल भोजन के लिए इसका वध नहीं कर सकते थे। वे ऐसा केवल विशेष अवसर पर करते थे जब उनके धार्मिक कर्तव्य या किसी देवता को प्रसन्न करने के व्यक्तिगत हित उन्हें ऐसा करने के लिए मजबूर करते थे। लेकिन ब्राह्मण का मामला अलग था। वह पुजारी थे। कर्मकांड से भरे हुए काल में शायद ही कोई ऐसा दिन आता हो जिस दिन किसी गैर-ब्राह्मण की तरफ से ब्राह्मण को आमंत्रित न किया जाता हो और उसमें गाय की बलि न दी जाती हो। ब्राह्मण के लिए हर दिन 'बीफ-स्टीक डे' था। इसलिए ब्राह्मण सबसे बड़े गोमांसभक्षक थे। ब्राह्मणों का यज्ञ और कुछ नहीं बल्कि गोमांस के लिए अपनी भूख को छिपाने की दृष्टि से धर्म के नाम पर

धूमधाम और समारोह के साथ रहस्य का आवरण डालकर किए गए निर्दोष जानवरों की हत्या थी। इस रहस्य और धूमधाम और समारोह की कुछ झलक ऐतरेय ब्राह्मण में निहित यज्ञ के पशुओं की बलि से संबंधित निर्देशों से प्राप्त किया जा सकता है।

पशु की वास्तविक हत्या से पहले कुछ दीक्षा अनुष्ठान किये जाते हैं जिनमें बहुत लंबे और बहुत सारे आवाहन किये जाते हैं जिन्हें यहाँ विस्तार से बताना सम्भव नहीं है। बलि की मुख्य विशेषताओं की एक झलक देना ही पर्याप्त होगा। यज्ञ की शुरुआत यज्ञीय स्तंभ के निर्माण से होती है जिसे यूप कहा जाता है, जिससे पशु को बांधा जाता है फिर उसका वध किया जाता है। यह निर्धारित करने के बाद कि यूप क्यों आवश्यक है, आत्रेय ब्राह्मण यह बताता है कि इसका क्या अर्थ है। यह कहता है:[1]

"यह यूप एक हथियार है। इसके बिंदु के आठ किनारे होने चाहिए। एक हथियार (या लोहे की गदा) के आठ किनारे होते हैं। जब भी वह इसके साथ किसी दुश्मन या विरोधी पर हमला करता है, तो वह उसे मार डालता है। (यह हथियार सहायता करता है) उसे (हर एक को) गिराने के लिए जिसे उसके (यज्ञकर्ता) द्वारा गिराया जाना है। यूप एक हथियार है जो दुश्मन को मारने के लिए खड़ा (तैयार) रहता है। फिर कोई शत्रु (यज्ञकर्ता का) जो (यज्ञ में) उपस्थित था, उस व्यक्ति के यूप को देखने के बाद हतोत्साह हो जाता है।"

यूप के लिए उपयोग की जाने वाली लकड़ी का चयन यज्ञकर्ता के उद्देश्यों के अनुसार अलग-अलग किया जाता है जो वह यज्ञ से प्राप्त करना चाहता है। ऐतरेय ब्राह्मण कहते हैं:

"वह जो स्वर्ग की इच्छा रखता है, उसे खदिर की लकड़ी का अपना यूप बनाना चाहिए। क्योंकि देवताओं ने खदिर की लकड़ी से बने एक यूप के माध्यम से आकाशीय दुनिया पर विजय प्राप्त की थी। उसी प्रकार यजमान खदिर की लकड़ी से बने यूप के माध्यम से आकाशीय जगत पर विजय प्राप्त करता है।"

"जो भोजन चाहता है और मोटा होना चाहता है उसे बिल्व की लकड़ी का यूप बनाना चाहिए। बिल्व वृक्ष में प्रति वर्ष फल लगते हैं; यह उर्वरता का प्रतीक है; क्योंकि यह जड़ से लेकर डालियों तक आकार में (हर वर्ष) बढ़ता जाता है, इसलिये यह मोटेपन का प्रतीक है। ऐसा ज्ञान रखने वाला बिल्व की लकड़ी का अपना यूप बनाता है, अपने बच्चों और मवेशियों को मोटा बनाने के लिये।"

"बिल्व की लकड़ी से बने यूप के संबंध में (यह आगे टिप्पणी की जानी है), कि वे 'प्रकाश' बिल्व कहलाते हैं। जिसके पास ऐसा ज्ञान है, वह अपनों के बीच 'प्रकाश' बन जाता है, अपनों में सबसे प्रतिष्ठित।"

"वह जो सौंदर्य और पवित्र ज्ञान की इच्छा रखता है, उसे पलाश की लकड़ी का यूप बनाना चाहिए। क्योंकि पलाश सौंदर्य और पवित्र ज्ञान के वृक्षों में से एक है। जो ऐसा ज्ञान पाकर पलाश की लकड़ी का अपना यूप बनाता है, वह सुंदर हो जाता है और पवित्र ज्ञान प्राप्त कर लेता है।"

"जहाँ तक पलाश की लकड़ी से बने यूप का संबंध है (इस पर और भी टिप्पणी की जा सकती है), कि पलाश सभी वृक्षों का गर्भ है। इसलिए वे इस या उस पेड़ के पलाशम (कलियों) की बात करते हैं (यानी वे हर पेड़ की कली को पलाशम कहते हैं)। जिसके पास ऐसा ज्ञान है वह किसी भी इच्छा को प्राप्त करता है, चाहे वह किसी भी पेड़ के संबंध में हो (अर्थात् वह सभी पेड़ों से वह सब कुछ प्राप्त करता है जिसकी वह इच्छा करता है)।"

इसके बाद यूप के अभिषेक की रस्म होती है।[7]

"अध्वर्यु कहते हैं (होतृ से): "हम यज्ञ के पद (यूप) का अभिषेक करते हैं; मंत्र दोहराते हैं (आवश्यक)"।

होतृ तब पद्य को दोहराता है: "अमजन्ति त्वं अध्वरे" (3, 8, 1) अर्थात् हे वृक्ष, याजक तेरा अभिषेक करते हैं! आकाशीय शहद के साथ; यदि आप यहाँ खड़े हैं, या यदि आप अपनी माँ (पृथ्वी) पर लेटे हैं, तो (हमें) धन प्रदान करें। "आकाशीय शहद" पिघला हुआ मक्खन है

(जिससे पुजारी यूप का अभिषेक करते हैं)। (दूसरा आधा पद्य) "हमें प्रदान करें", इसका अर्थ है: "आप खड़े हों या लेटे हुए हों, हमें धन प्रदान करें।"

"(होतृ फिर दोहराता है:) "जातो जायते सुदीनत्वे" (3, 8, 5) अर्थात, "जन्म लेने के बाद, वह (यूप) अपने जीवन के प्रमुख समय में नश्वर पुरुषों के यज्ञ में (सेवा करने के लिए) बढ़ रहा है। ज्ञानी चतुराई से (उसे, यूप को) सजाने में लगे हैं। वह, देवताओं के एक वाक्पटु दूत के रूप में, अपनी आवाज उठाता है (ताकि यह देवताओं द्वारा सुनी जा सके)।" वह (यूप) जट कहलाता है, अर्थात, क्योंकि वह इससे (इस श्लोक के प्रथम चतुर्थांश के उच्चारण से) उत्पन्न हुआ है। (शब्द द्वारा) वर्धमान, अर्थात, बढ़ते हुए, वे उसे (यूप) इस तरह से विकसित करते हैं। (शब्दों से:) पुनन्ति (अर्थात् साफ करना, सजाना), उसे इस तरह से साफ करते हैं। (शब्दों द्वारा:) "वह एक वाक्पटु संदेशवाहक के रूप में,।" वह देवताओं को यूप (अपने अस्तित्व के तथ्य) की घोषणा करता है।

होतृ तब "युव सुवास: परिविता:" (3, 8, 4) छंद के साथ (यज्ञ के पद के अभिषेक की रस्म) समाप्त करता है, अर्थात "फीते से सजाए गए युवा, आ गए हैं; वह (सब वृक्षों से) बढ़कर है जो कभी बढ़े हैं; बुद्धिमान याजक अपने मन के सुव्यवस्थित विचारों के उच्चारण के तहत उसे उठाते हैं।" फीतों से सुशोभित यौवन प्राणवायु (आत्मा) है, जो शरीर के अंगों से ढकी रहती है। (शब्दों से;) "वह बेहतर है,"। उसका मतलब है कि वह (युप) इस (मंत्र) से सूक्ष्म (अधिक उत्कृष्ट, सुंदर) बन रहा है।"

अगला समारोह बलि पशु के चारों ओर अग्नि ले जाने का है। आत्रेय ब्राह्मण इस बिंदु पर निम्नलिखित निर्देश देता है। कहते हैं[3]:-

"जब अग्नि (पशु) के चारों ओर ले जाया जाता है तो अध्वर्यु होतृ से कहता है: 'दोहराओ (अपने मंत्र)'। होतृ तब अग्नि को संबोधित छंदों के इस त्रिक को दोहराता है, जो गायत्री छंद में रचा गया है: अग्निर होता नो अधवारे (4.15.1-3) यानी (1) अग्नि, हमारे पुजारी, को घोड़े की तरह चारों ओर ले जाया जाता है, वह जो देवताओं में से एक है, बलिदानों का

देवता, (2) एक सारथी की तरह अग्नि यज्ञ से तीन बार गुजरती है; देवताओं के लिए वह प्रसाद ले जाता है, (3) भोजन का स्वामी, अग्नि का दृष्टा, भेंट के चारों ओर घूमता है; वह यज्ञ करने वाले को धन देता है।

"जब अग्नि (पशु) के चारों ओर ले जाया जाता है तो वह उसे (अग्नि) अपने देवता और अपने स्वयं के छंद के माध्यम से समृद्ध बनाता है। 'घोड़े के रूप में वह ले जाया जाता है' का अर्थ है: वे उसे चारों ओर एक घोड़े की तरह ले जाते हैं। एक सारथी की तरह अग्नि तीन बार यज्ञ के माध्यम से गुजरती है; वह सारथी की तरह (तेजी से) यज्ञ की परिक्रमा करता है। उन्हें वाजापति (भोजन का स्वामी) कहा जाता है क्योंकि वे (विभिन्न प्रकार के) भोजन के स्वामी हैं।

"अध्वर्यु कहते हैं: होतृ दे दो! देवताओं को प्रसाद भेजने का अतिरिक्त आदेश।"

"होतृ तब कहता है: (वध करने वालों से) : हे दिव्य वध करने वालों, (अपना काम) शुरू करो, साथ ही तुम जो मनुष्य हो!" अर्थात्, वह देवताओं के साथ तथा पुरुषों के बीच सभी वध करने वालों को (आरंभ करने के लिए) आदेश देता है।

यज्ञ के दो स्वामियों की ओर से, तुम जो यज्ञ का आदेश दे रहे हो, वध करने के लिए यन्त्र यहाँ लाओ।

"पशु भेंट है, बलिदानकर्ता भेंट का स्वामी है। इस प्रकार वह (होतृ) अपने (यज्ञकर्ता के) प्रसाद के माध्यम से यज्ञ करने वाले को समृद्ध बनाता है। वहां से वे वास्तव में कहते हैं: जिस देवता के लिए जानवर को मार दिया जाता है, वही प्रसाद का स्वामी होता है। यदि जानवर को केवल एक देवता को अर्पित किया जाना है, तो पुजारी को कहना चाहिए: मेधापतये 'यज्ञ के स्वामी (एकवचन)', यदि दो देवताओं को, तो उसे 'बलिदान के दोनों स्वामी' के लिए द्वैत का उपयोग करना चाहिए, और अगर कई देवताओं के लिए, तो उसे बहुवचन का उपयोग करना चाहिए, 'भेंट के मालिकों के लिए'। यह स्थापित प्रथा है।

उसके लिए आग लाओ! जब पशु को (वध के लिए) ले जाया गया, तो उसने अपने सामने मृत्यु को देखा और देवताओं के पास नहीं जाना चाहा, देवताओं ने उससे कहा: आओ हम तुम्हें स्वर्ग में पहुँचाएँ!

जानवर ने सहमति व्यक्त की और कहा: तुम में से एक को मेरे आगे चलना चाहिए। उन्होंने हामी भर दी। फिर अग्नि उसके आगे चला, और वह अग्नि के पीछे-पीछे चला। इसलिए वे कहते हैं, प्रत्येक जानवर अग्नि का है, क्योंकि यह उसके पीछे-पीछे चलता है। वहां से वे पशु अग्नि के सामने ले जाए जाते हैं।

(पवित्र) घास फैलाओ! जानवर जड़ी-बूटियों पर पलता है। वह (होतृ) इस प्रकार जानवर को उसकी पूरी आत्मा प्रदान करता है (जड़ी बूटियों को इसका हिस्सा माना जाता है)।

अग्नि के चारों ओर ले जाने की रस्म के बाद पशु को बलिदान के लिए पुजारियों के पास पहुँचाया जाता है। बलि के लिए पशु किसे चढ़ाना चाहिए? इस बिन्दु पर आत्रेय ब्राह्मण का दिशानिर्देश है[4]:-

"माता, पिता, भाई, बहन, मित्र और साथियों को इस (पशु) को (वध के लिए) त्याग देना चाहिए! जब इन शब्दों का उच्चारण किया जाता है, तो वे उस जानवर को जब्त कर लेते हैं जो (माना जाता है) पूरी तरह से अपने रिश्तेदारों (माता-पिता) द्वारा छोड़ दिया जाता है।

इस दिशानिर्देश को पढ़ने पर आश्चर्य होता है कि लगभग सभी को पशु की बलि देने में शामिल होने की आवश्यकता क्यों है। वजह साफ है। कुल मिलाकर सत्रह ब्राह्मण पुजारी थे जो बलिदान करने में भाग लेने के हकदार थे। स्वाभाविक रूप से वे सारी लाश अपने पास रखना चाहते थे।5 वास्तव में वे सत्रह याजकों में से एक एक को तब तक पूरा न दे सकते थे, जब तक कि उनके पास बांटने के लिथे सारी लाश न हो। कानूनी रूप से ब्राह्मण तब तक पूरे शव पर दावा नहीं कर सकते थे जब तक कि हर कोई जो जानवर पर किसी भी अधिकार का दावा नहीं कर सकता था, उससे वंचित कर दिया गया हो। इसलिए बलि देने वाले के साथी को भी जानवर की भेंट में भाग लेने के लिए निर्देश की आवश्यकता होती है।

फिर वास्तव में जानवर को मारने की रस्म आती है। ऐतरेय ब्राह्मण पशु को मारने की विधि और तरीके का विवरण देता है। इसके निर्देश हैं[6]:

"इसके पैर उत्तर की ओर मोड़ो! उसकी आँख को सूर्य की ओर जाने दो, उसकी श्वास को वायु में, उसके प्राण को वायु में, उसके श्रवण को दिशाओं में, उसके शरीर को पृथ्वी में विसर्जित कर दो। इस प्रकार वह (होतृ) इसे इन संसारों के साथ रखता है (जोड़ता है)।

त्वचा को पूरी तरह से उतार लो (बिना काटे)। नाभि संचालन से पहले ओमेंटम को चीर दो। इसकी श्वास को भीतर ही रोक दो (मुंह रोककर)। इस प्रकार वह (होतृ) पशुओं में अपनी श्वास डालता है।

इसकी छाती को चील की तरह का एक टुकड़ा बना दो, इसकी भुजाओं को (दो टुकड़ों की तरह) जैसे दो कुल्हाड़ी, इसके अग्रभाग को (दो टुकड़े जैसे) दो छड़ें, इसके कंधों को (दो टुकड़े जैसे) दो कश्यप, इसकी कमर बिना टूटे होनी चाहिए (संपूर्ण); उसकी जाँघों को (दो टुकड़ों की तरह) दो ढालें, दो घुटनों की (दो टुकड़े जैसे) दो ओलियंडर की पत्तियाँ; उनकी छब्बीस पसलियों को उनके क्रम के अनुसार बाहर निकालो; इसके हर अंग को इसकी अखंडता में सुरक्षित रखो। इस प्रकार वह इसके सभी अंगों को लाभ पहुँचाता है।"

पशु की बलि देने के लिए दो समारोह बाकी हैं। एक तो कसाई की भूमिका निभाने वाले ब्राह्मण पुजारियों को दोषमुक्त करना। सैद्धान्तिक रूप से वह हत्या का दोषी है, क्योंकि पशु, बलि देने वाले का केवल एक विकल्प है। उसे हत्या के परिणामों से मुक्त करने के लिए, ऐतरेय ब्राह्मण द्वारा होतृ को निम्नलिखित निषेधाज्ञा का पालन करने का निर्देश दिया जाता है:[7]

"जो अंतड़ियां उल्लू के समान हों, उन्हें न काटो, और न अपने बच्चों में, हे वध करनेवालों! वा उनके वंश में से कोई ऐसा हो जो उन्हें काट डाले।" इन वचनों को कहकर वह इन अतड़ियों को यज्ञकर्ता, देवताओं और साथ-साथ अन्य मनुष्यों को भी प्रस्तुत करता है।

होतृ तब तीन बार कहेगा: हे अधृगु (और तुम अन्य), मारो (जानवर), इसे अच्छी तरह से करो; इसे मार डालो, हे अधिगु।

जानवर के मारे जाने के बाद, (उसे तीन बार कहना चाहिए:) यह (हत्या के परिणाम) दूर हो (हमसे)। देवताओं में अधृगु वह है जो (पशु) को शांत करता है और अपापा (दूर, दूर!) वह है जो इसे नीचे रखता है। उन शब्दों को कहकर वह जानवर को उन लोगों को सौंप देता है जो उसे चुप कराते हैं (उसके मुंह को बंद करके) और उसे मारने वाले हैं।

होतृ तब बुदबुदाता है (जप करता है); "हे वध करने वालों! आपके सभी अच्छे कार्य हमारे साथ रहें! और आपकी सारी गलतियाँ कहीं और चली जाएं!" होतृ (इस) वाणी से (पशु को मारने का) आदेश देता है, क्योंकि अग्नि ने उसी शब्द से (पशु को) मारने का आदेश दिया था जब वह देवताओं का होतृ था।

उन शब्दों के द्वारा (जिनका जप में उल्लेख किया गया है) होतृ उन लोगों से (सभी बुरे परिणामों को) हटा देता है जो जानवरों का दम घोंटते हैं और जो उन्हें मारते हैं, उन सबका भी जो किसी टुकड़े को बहुत जल्द काटते, दूसरे जो बहुत देर से, या किसी नियम का उल्लंघन करते हैं। बहुत बड़ा या बहुत छोटा टुकड़ा काटते हैं। इस सुख का भोग करने वाला होतृ स्वयं को (सभी दोषों से) मुक्त कर लेता है और अपने जीवन की पूर्ण लंबाई प्राप्त कर लेता है (और यह यज्ञकर्ता की सेवा करता है) अपने पूर्ण जीवन को प्राप्त करने के लिए। जिसके पास ऐसा ज्ञान है, वह अपने जीवन की पूर्ण लंबाई प्राप्त करता है।"

ऐतरेय ब्राह्मण आगे मृत पशु के अंगों के निपटान के प्रश्न से संबंधित है। इस संबंध में इसके निर्देश हैं[8]–

> "उसकी विष्ठा छिपाने के लिये भूमि में गड़हा खोदो। मल में वनस्पति भोजन होता है; क्योंकि पृथ्वी जड़ी बूटियों का स्थान है। इस प्रकार होतृ अंत में उन्हें (मल) उनके उचित स्थान पर रख देता है। दुष्ट आत्माओं को लहू दिखाओ! देवताओं के लिए (एक बार) हविर्यज्ञों (जैसे पूर्ण और नए चंद्रमा की भेंट) में उनके हिस्से की बुरी आत्माओं

को वंचित करने के बाद उन्हें भूसी और छोटे अनाज बांटे गए, और उन्हें महान बलिदान (जैसे कि) से बाहर कर दिया गया। सोम और पशु बलि), उन्हें रक्त भेंट किया। वहां से होतृ शब्दों का उच्चारण करता है: दुष्ट आत्माओं को खून से पेश करो! उन्हें यह हिस्सा देकर वह बुरी आत्माओं को बलिदान में किसी भी अन्य हिस्से से वंचित कर देता है। वे कहते हैं: किसी को यज्ञ में बुरी आत्माओं को संबोधित नहीं करना चाहिए, और बुरी आत्माएं चाहे वे (राक्षस, असुर, आदि) क्यों न हों: क्योंकि यज्ञ बिना दुष्ट आत्माओं के लिए है (उनके द्वारा परेशान नहीं किया जाना है) लेकिन दूसरे कहते हैं: व्यक्ति को उन्हें संबोधित करना चाहिए; उसके लिए (जो किसी को वंचित करता है, "इस हिस्से का हकदार है, उसे दंडित किया जाएगा (उसके द्वारा जिसे वह वंचित करता है); और यदि वह स्वयं दंड नहीं भोगता है, तो उसका पुत्र, और यदि उसका पुत्र बख्शा जाता है, तो उसका पोता इसे भुगतेगा, और इस प्रकार वह उस पर (बेटे या पोते) पर नाराज हो जाएगा जो वह आप पर नाराज करना चाहता था।"

"हालांकि, अगर होतृ उन्हें संबोधित करता है, तो उसे धीमी आवाज में ऐसा करना चाहिए। दोनों के लिए, धीमी आवाज और बुरी आत्माएं, मानो छिपी हुई हैं। यदि वह उन्हें ऊँची आवाज से संबोधित करता है, तो ऐसा व्यक्ति भूतों की आवाज में बोलता है, और राक्षस ध्वनि (भयानक, भयानक आवाज) उत्पन्न करने में सक्षम होता है। घमण्डी और मतवाले जिस वाणी से बोलते हैं, वह दुष्टात्माओं (राक्षसों) की होती है। ऐसा ज्ञान रखनेवाला न तो अभिमानी होगा, और न ऐसा मनुष्य आपके वंश में होगा।"

इसके बाद देवताओं को पशु के शरीर के अंगों को चढ़ाने की अंतिम और समापन रस्म होती है। इसे मनोटा कहा जाता है। आत्रेय ब्राह्मण के अनुसार[9]–

"अध्वर्यु कहते हैं (होतृ से): बलि के जानवर के उन हिस्सों की पेशकश के लिए उपयुक्त छंदों का पाठ करें जो मनोटा के लिए काटे गए हैं। फिर वह इस छंद को दोहराता है: तू, हे अग्नि, प्रथम मनोता[10] (6.1) है।

पशु के मांस को बांटने का सवाल बना रहता है। इस मुद्दे पर ऐतरेय ब्राह्मण द्वारा विभाजन को निम्नलिखित शर्तों में तय किया गया है:[11]

"अब बलि के पशु के विभिन्न भागों (याजकों के बीच) का विभाजन होता है। हम इसका वर्णन करेंगे। जीभ के साथ जबड़े की दो हड्डियाँ प्रस्तोता को दी जानी हैं; उदगातृ को चील के रूप में स्तन; तालू के साथ गला प्रतिहार्तार को; दाहिनी ओर का निचला भाग होतार के लिए: बाई ओर ब्रह्मा के लिए; मैत्रवरुण को दाहिनी जांघ; बायीं ओर ब्राह्मणाछमसी; अध्वर्यु को कंधे के साथ दाहिनी ओर; मंत्रों के उच्चारण करनेवालों के लिए बायां हिस्सा; प्रतिपाशतर को बायां कंधा; नेश्तर को दाहिने हाथ का निचला हिस्सा; बाई बाँह का निचला हिस्सा पोतृ को; अछवाक के लिए दाहिनी जांघ का ऊपरी भाग; अग्निधारा के लिए बाई ओर; आत्रेय के लिये दाहिने हाथ का ऊपरी भाग; सदस्य के लिए बाई ओर; गृहपति (यज्ञ) को पीठ की हड्डी और मूत्रालय; भोज देने वाले गृहपति के लिये दाहिने पैर; भोज देने वाले उस गृहपति की पत्नी को बायें पैर; ऊपरी होंठ दोनों (गृहपति और उनकी पत्नी) के लिए सामान्य है, जिसे गृहपति द्वारा विभाजित किया जाना है। वे जानवर की पूंछ पत्नियों को देते हैं, लेकिन उन्हें इसे एक ब्राह्मण को देना चाहिए; गर्दन पर मांसल प्रक्रियाएं (मानिकाह) और ग्रेवास्तुत के लिए तीन (किकास:); तीन अन्य हिस्से और पीठ पर मांसल भाग का आधा हिस्सा (वैकार्ता) उन्नेतर को; गर्दन पर मांसल भाग का दूसरा आधा हिस्सा और बायां (क्लोमा) वध करने वाले को, जो इसे ब्राह्मण को पेश करे, अगर वह स्वयं ब्राह्मण नहीं होगा। सिर सुब्रह्मण्य को दिया जाना है, त्वचा उसकी (सुब्रह्मण्य) की है, जिसने बोला, स्व: सुत्यम (कल सोम यज्ञ में); सोम यज्ञ में बलि पशु का वह भाग जो इला (यज्ञ–भोजन) से संबंधित होता है, सभी पुजारियों के लिए सामान्य होता है; केवल होतृ के लिए यह वैकल्पिक है।

बलि के जानवर के ये सभी भाग छत्तीस एकल टुकड़ों के बराबर होते हैं, जिनमें से प्रत्येक उस छंद के पद (पैर) का प्रतिनिधित्व करता है जिसके द्वारा बलिदान किया जाता है। बृहति मीटर में छत्तीस शब्दांश होते हैं; और स्वर्गीय लोक बृहति प्रकृति के हैं। इस प्रकार (पशु को छत्तीस भागों में

विभाजित करके) वे जीवन (इस लोक में) और स्वर्ग को प्राप्त करते हैं, और दोनों (इस और उस लोक में) में स्थित होकर वहाँ चलते हैं।

जो लोग बलि के जानवर को बताए गए तरीके से विभाजित करते हैं, उनके लिए यह स्वर्ग का मार्गदर्शक बन जाता है। लेकिन जो लोग अन्यथा विभाजन करते हैं वे बदमाशों की तरह हैं जो केवल एक जानवर को मारते हैं (मांस के बाद अपनी वासना को तृप्त करने के लिए)। बलि पशु के इस विभाजन का आविष्कार ऋषि (श्रुत के एक पुत्र देवभाग) ने किया था। जब वह इस जीवन से विदा ले रहा था, तो उसने (रहस्य किसी को) नहीं सौंपा। लेकिन एक अलौकिक प्राणी ने बभ्रु के पुत्र सिरिजा को इसकी सूचना दी। उसी समय से लोग इसका अध्ययन करते हैं।"

ऐतरेय ब्राह्मण ने जो कहा है वह दो बातों को विवाद से परे रखता है। एक यह है कि ब्राह्मण बलि के जानवर के पूरे मांस पर एकाधिकार कर लेते थे। एक मामूली अंश को छोड़कर वे यज्ञ करने वाले को उसमें हिस्सा लेने की भी अनुमति नहीं देते थे। दूसरा यह है कि ब्राह्मण स्वयं ही पशु के वध में कसाई की भूमिका निभाते थे। सिद्धांत के रूप में ब्राह्मणों को यज्ञ में मारे गए जानवर का मांस नहीं खाना चाहिए। यज्ञ में अंतर्निहित सिद्धांत यह है कि मनुष्य को स्वयं को देवताओं को बलिदान के रूप में अर्पित करना चाहिए। वह इस दायित्व से खुद को मुक्त करने के लिए केवल एक जानवर की पेशकश करता है। इससे यह निष्कर्ष निकलता है कि जानवर, मनुष्य के लिए केवल एक विकल्प होने के नाते, जानवर का मांस खाने का मतलब मानव मांस खाना है। यह सिद्धांत ब्राह्मणों के हित के लिए बहुत हानिकारक था, जिनके पास बलिदान के लिए पेश किए गए जानवर के मांस का पूर्ण एकाधिकार था। ऐतरेय ब्राह्मण जिसने इस सिद्धांत में ब्राह्मणों के बलि के जानवर के मांस से वंचित होने के खतरे को देखा, सिद्धांत को एक सरल निषेध द्वारा समझाने के लिए यत्न करता है। यह कहता है[12]:

"जिस व्यक्ति को (यज्ञ के रहस्यों में) दीक्षा दी जाती है, वह स्वयं को सभी देवताओं को अर्पित करता है। अग्नि सभी देवताओं का

प्रतिनिधित्व करता है और सोम सभी देवताओं का प्रतिनिधित्व करता है। जब वह (यज्ञकर्ता) पशु को अग्नि–सोम को अर्पित करता है तो वह स्वयं को (पशु द्वारा प्रतिनिधित्व किए जाने के द्वारा) सभी देवताओं को चढ़ाए जाने से मुक्त करता है।

कहते हैं: "अग्नि–सोम को चढ़ाए गए जानवर को मत खाओ। जो इस पशु का मांस खाता है, वह मनुष्य का मांस खाता है; क्योंकि यज्ञ करनेवाला पशु के द्वारा अपने को (बलि होने से) छुड़ा लेता है।

लेकिन इस (उपदेश) में भाग नहीं लेना है।"

इन तथ्यों को देखते हुए, इस कथन का समर्थन करने के लिए कोई और सबूत आवश्यक नहीं लगता है कि ब्राह्मण न केवल गोमांस खाने वाले थे, बल्कि वे कसाई भी थे।

फिर ब्राह्मणों ने मोर्चा क्यों बदला? आइए हम दो चरणों में उनके मोर्चे के बदलाव से निपटें। पहला, उन्होंने गोमांस खाना क्यों छोड़ दिया?

द्वितीय

जैसा कि पहले ही दिखाया जा चुका है अशोक द्वारा गाय की हत्या को कानूनी रूप से प्रतिबंधित नहीं किया गया था। यदि इसे प्रतिबंधित भी कर दिया गया होता, तो भी बौद्ध सम्राट द्वारा बनाए गए कानून को ब्राह्मणों द्वारा बाध्यकारी के रूप में कभी स्वीकार नहीं किया जा सकता था।

क्या मनु ने गोमांस भक्षण का निषेध किया था? यदि उन्होंने ऐसा किया होता, तो वह ब्राह्मणों के लिए बाध्यकारी होता और उनके मोर्चे के परिवर्तन की पर्याप्त व्याख्या कर देता। मनुस्मृति में देखने पर निम्नलिखित श्लोक मिलते हैं:–

"V; 46. वह जो जीवित प्राणियों के बंधन और मृत्यु के कष्टों का कारण नहीं बनता है, (बल्कि) सभी (प्राणियों) का भला चाहता है, वह अनंत आनंद प्राप्त करता है।

"V. 47. जो किसी (प्राणी) को हानि नहीं पहुँचाता, वह जो सोचता है, जो करता है, और जिस पर मन लगाता है, उसे बिना प्रयत्न के प्राप्त कर लेता है।

"V. 48. प्राणियों को हानि पहुँचाए बिना मांस कभी प्राप्त नहीं हो सकता और सत्वों को क्षति पहुँचाना स्वर्गिक आनंद (प्राप्ति) में बाधक है; इसलिए उसे मांस का (उपयोग) त्याग देना चाहिये।

"V. 49. मांस की (घृणित) उत्पत्ति और (क्रूरता), शारीरिक प्राणियों को जकड़ने और मारने के बारे में अच्छी तरह से विचार करने के बाद, उसे मांस खाने से पूरी तरह से बचना चाहिए।"

यदि इन श्लोकों को सकारात्मक निषेधाज्ञा के रूप में माना जा सकता है तो वे यह समझाने के लिए पर्याप्त होंगे कि ब्राह्मणों ने मांस खाना क्यों छोड़ दिया और शाकाहारी बन गए। लेकिन इन श्लोकों को कानून की शक्ति से युक्त सकारात्मक निषेधाज्ञा के रूप में मानना असंभव है। वे या तो उपदेश हैं या प्रक्षेप हैं जो ब्राह्मणों के शाकाहारी बनने के बाद इस परिवर्तन की प्रशंसा में शामिल किये गए थे।

मनुस्मृति के इसी अध्याय में आने वाले निम्नलिखित श्लोकों से उनका प्रक्षेप होना सिद्ध होता है।

"V. 28: जीवों के भगवान (प्रजापति) ने इस पूरी (दुनिया को) सूक्ष्म आत्मा का निर्वाह बनाया; अचल और जंगम दोनों ही जीवात्मा का आहार हैं।

"V. 29. जो गतिहीन है वह गतिमानों का भोजन है; (जानवर) बिना नोकवाले (भोजन हैं) उन प्राणियों के जिनके नोक हैं, बिना हाथ वाले, हाथ वालों के और डरपोक बलवानों के भोजन हैं।

"V. 30. जो भक्षक अपके भोजन के लिये उनको प्रतिदिन खाता है, वह पाप नहीं करता; क्योंकि बनाने वाले ने खाद्य और खाने वाले दोनों को ही बनाया है (उन विशेष उद्देश्यों के लिए)।

"V. 56. मांस खाने में, (शराब पीने) में कोई पाप नहीं है, और संभोग में क्योंकि वह प्राणियों का प्राकृतिक तरीका है, लेकिन परहेज महान पुरस्कार लाता है।

"V. 27. जल के छींटे पड़ने पर, मन्त्रों के उच्चारण के समय, ब्राह्मणों की इच्छा होने पर (कर्मकाण्ड करने में) विधि के अनुसार (संस्कार करने में) लगे रहने पर तथा प्राणों पर खतरा बन आने पर मांस खाया जा सकता है।

"V. 31. 'मांस भक्षण (उपयुक्त) यज्ञ के लिए' देवताओं द्वारा बनाया हुआ नियम बताया गया है, लेकिन अन्य (अवसरों) पर (इसका उपयोग करने में) बने रहना राक्षसों के योग्य कार्यवाही कहा जाता है।

"V. 32. जो मांस खाता है, जब वह देवताओं और पितरों का सम्मान करता है, तो वह पाप नहीं करता है, चाहे उसने इसे खरीदा हो, या खुद (पशु) को मार डाला हो या दूसरों से उपहार के रूप में प्राप्त किया हो।

"V. 42. एक द्विज व्यक्ति, जो वेद के सही अर्थ को जानकर, इन उद्देश्यों के लिए एक जानवर को मारता है, अपने और जानवर दोनों को सबसे धन्य स्थिति में प्रवेश कराता है।

"V. 39. स्वयंभू ने स्वयं बलि के लिए जानवरों का निर्माण किया; इस पूरी (दुनिया) की भलाई के लिए बलिदान (संस्थापित किए गए हैं); इसलिए बलिदान के लिए (पशुओं का) वध (शब्द के सामान्य अर्थ में) वध नहीं है।

"V. 40. जड़ी-बूटियाँ, पेड़, मवेशी, पक्षी और अन्य जानवर जो बलिदान के लिए नष्ट कर दिए गए हैं, (पुनर्जन्म) प्राप्त करते हैं।

मनु और आगे बढ़ते हैं और मांस खाने को अनिवार्य बनाते हैं। निम्नलिखित श्लोक पर ध्यान दें:

"V. 35. लेकिन एक आदमी, जो विधिवत (एक पवित्र संस्कार कराने या उसमें भोजन करने के लिए) मांस खाने से इनकार करता है, इक्कीस जन्मों तक मृत्यु के बाद एक जानवर बन जाता है।"

यह बात काफी स्पष्ट है कि मनु ने मांसाहार का निषेध नहीं किया है। मनुस्मृति ने गोहत्या का निषेध नहीं किया, यह भी स्मृति से ही सिद्ध हो जाता है। पहली बात तो यह है कि मनुस्मृति में गाय का एकमात्र संदर्भ उन नियमों की सूची में पाया जाता है जो मनु द्वारा स्नातक पर लागू किए गए हैं। वे नीचे निर्धारित हैं:-

1. एक स्नातक को गाय द्वारा सूंघे हुए भोजन को नहीं खाना चाहिए।[13]
2. एक स्नातक को उस रस्सी पर नहीं चढ़ना चाहिए जिससे बछड़ा बंधा हो।[14]
3. एक स्नातक को गौशाला में पेशाब नहीं करना चाहिए।[15]
4. एक स्नातक को गाय के सामने शौच नहीं करना चाहिए।[16]
5. एक स्नातक को गौशाला में प्रवेश करते समय अपना दाहिना हाथ खुला नहीं रखना चाहिए।[17]
6. एक स्नातक को अपने बछड़े को चाट रही गाय को बीच में नहीं रोकना चाहिए और न ही किसी को बताना चाहिए।[18]
7. एक स्नातक को गाय की पीठ पर नहीं चढ़ना चाहिए।[19]
8. एक स्नातक को गाय का अपमान नहीं करना चाहिए।[20]
9. एक स्नातक जो अशुद्ध है उसे गाय को अपने हाथ से नहीं छूना चाहिए।[21]

इन संदर्भों में यह देखा जा सकता है कि मनु ने गाय को एक पवित्र जानवर के रूप में नहीं माना है। दूसरी ओर, उन्होंने इसे एक अशुद्ध जानवर के रूप में माना, जिसके स्पर्श से औपचारिक प्रदूषण होता है।

मनु में ऐसे श्लोक मिलते हैं जिनसे पता चलता है कि उन्होंने गोमांस खाने का निषेध नहीं किया है। इस संबंध में, अध्याय III. 3 का संदर्भ दिया जा सकता है।

यह कहता है:-

"वह (स्नातक) जो अपने कर्तव्यों के (नियमित पालन के लिए)

प्रसिद्ध है और जिसने अपने पिता से अपनी विरासत, वेद प्राप्त किया है, उसका सम्मान किया जाएगा, उसे गद्दे पर बैठाकर गाय (शहद का मिश्रण) के उपहार के साथ एक माला से सुशोभित किया जाएगा)।"

प्रश्न यह है कि मनु को एक स्नातक को गाय के उपहार की सिफारिश क्यों करनी चाहिए? जाहिर है, उसे मधुपर्क करने में सक्षम बनाने के लिए। यदि ऐसा है, तो इसका अर्थ यह हुआ कि मनु को पता था कि ब्राह्मण गौमांस खाते हैं और उन्हें इससे कोई आपत्ति नहीं थी।

एक और संदर्भ मनु की उन जानवरों की चर्चा का होगा जिनका मांस खाया जा सकता है और जिनका मांस नहीं खाया जा सकता है। अध्याय V. 18 में वह कहते हैं:-

"साही, हेजहोग, इगुआना, गैंडा, कछुआ, और खरगोश वे खाने योग्य होने की घोषणा करते हैं, वैसे ही वे (घरेलू जानवर) जिनके केवल एक जबड़े में दांत होते हैं, ऊंट को छोड़कर।"

इस श्लोक में मनु सभी पालतू जानवरों के मांस खाने की सामान्य अनुमति देते हैं जिनके केवल एक जबड़े में दांत होते हैं। इस नियम के लिए मनु एक अपवाद रखते हैं, अर्थात् ऊँट। घरेलू पशुओं के इस वर्ग में- जिनके केवल एक जबड़े में दांत होते हैं- न केवल ऊंट बल्कि गाय भी आती है। उल्लेखनीय है कि मनु गाय के मामले में कोई अपवाद नहीं रखते हैं। इसका अर्थ है कि मनु को गाय के मांस के खाने पर कोई आपत्ति नहीं थी।

मनु ने गाय की हत्या को अपराध नहीं बनाया। मनु ने पापों को दो वर्गों में विभाजित किया है (i) महा पाप और (ii) लघु पाप। महा पापों में मनु शामिल करते हैं:-

"XI. 55. एक ब्राह्मण की हत्या करना, शराब पीना (सुरा नामक शराब), चोरी करना (ब्राह्मण का सोना), गुरु की पत्नी के साथ व्यभिचार करना और ऐसे अपराधियों के साथ संबंध बनाना।"

छोटे पापों में मनु शामिल करते हैं:

"XI.60. गाय को मारना, उनके यज्ञ कराना जो यज्ञ के लायक नहीं हैं, व्यभिचार, स्वयं को स्थापित करना, शिक्षक, माता, पिता या पुत्र को त्यागना, वेद के (दैनिक) अध्ययन को त्यागना और (पवित्र घरेलू) अग्नि की उपेक्षा करना।"

इससे यह स्पष्ट हो जाता है कि मनु के अनुसार गोहत्या एक छोटा पाप था। यह केवल तभी निंदनीय था जब गाय को बिना उचित और पर्याप्त कारण के मार दिया गया हो। अन्यथा होने पर भी, यह जघन्य या अक्षम्य नहीं था। याज्ञवल्क्य[22] का भी यही दृष्टिकोण था।

यह सब साबित करता है कि ब्राह्मण पीढ़ियों से गौमांस खाते आ रहे थे। उन्होंने गोमांस खाना क्यों छोड़ दिया? उन्होंने, एक अतिवादी कदम के रूप में, मांस खाना पूरी तरह से छोड़ दिया और शाकाहारी क्यों हो गए? यह एक में गुथी हुई दो क्रांतियाँ हैं। जैसा कि दिखाया गया है कि यह मनु, उनके दिव्य विधि निर्माता, के उपदेशों के परिणामस्वरूप नहीं किया गया है। यह क्रांति मनु के बावजूद और उनके निर्देश के विपरीत हुई है। ब्राह्मणों ने यह कदम क्यों उठाया? क्या इसके लिए दर्शनशास्त्र जिम्मेदार था? या यह किसी रणनीति के तहत किया गया था?

दो स्पष्टीकरण पेश किए जाते हैं। एक तो यह है कि गाय का यह देवत्व अद्वैत दर्शन का परिणाम था कि एक सर्वोच्च इकाई ने पूरे ब्रह्मांड को व्याप्त कर रखा है, कि इस कारण से सभी प्रकार का जीवन, मानव हो या पशु, पवित्र है। यह व्याख्या स्पष्ट रूप से असंतोषजनक है। पहली बात तो यह है कि यह तथ्यों से मेल नहीं खाता। वेदांत सूत्र जो जीवन की एकता के सिद्धांत की घोषणा करता है, बलि के उद्देश्यों के लिए जानवरों की हत्या पर प्रतिबंध नहीं लगाता है जैसा कि II.1.28 से स्पष्ट है। दूसरी बात यह है कि यदि परिवर्तन अद्वैत के आदर्श को साकार करने की इच्छा से हुआ था तो कोई कारण नहीं था कि वह गाय के साथ रुक जाता। इसे अन्य सभी जानवरों पर लागू करना चाहिए था।

एक और स्पष्टीकरण[23] जो पहले की तुलना में अधिक सरल है, यह है कि ब्राह्मण के जीवन में यह परिवर्तन आत्मा के देहांतरण के सिद्धांत के उदय के कारण आया था। पर यह स्पष्टीकरण भी तथ्यों के अनुरूप नहीं है। बृहदारण्यक उपनिषद देहांतरण के सिद्धांत (vi.2) का समर्थन करता है और फिर भी सिफारिश करता है कि यदि कोई व्यक्ति अपने लिए एक विद्वान पुत्र पैदा करना चाहता है तो उसे चावल और घी के साथ बैल के या अन्य मांस का एक द्रव्यमान तैयार करना चाहिए। फिर, यह कैसे हो सकता है कि उपनिषदों में प्रतिपादित इस सिद्धांत का ब्राह्मणों पर मनु स्मृति के समय तक, कम से कम 400 वर्षों की अवधि तक कोई प्रभाव नहीं पड़ा। जाहिर है, यह स्पष्टीकरण कोई स्पष्टीकरण नहीं है। तीसरे, यदि आत्मा के देहांतरण के सिद्धांत के कारण ब्राह्मण शाकाहारी हो गए तो यह कैसे हुआ कि इसने गैर-ब्राह्मणों को शाकाहारी नहीं बनाया?

मेरे विचार से यह एक रणनीति थी जिसके तहत ब्राह्मणों ने गोमांस खाना छोड़ दिया और गाय की पूजा शुरू कर दी। गाय की पूजा का सुराग बौद्ध धर्म और ब्राह्मणवाद के बीच संघर्ष और बौद्ध धर्म पर अपना वर्चस्व स्थापित करने के लिए ब्राह्मणवाद द्वारा अपनाए गए साधनों में पाया जाता है। बौद्ध धर्म और ब्राह्मणवाद के बीच संघर्ष भारतीय इतिहास का एक महत्वपूर्ण तथ्य है। इस तथ्य को जाने बिना हिन्दू धर्म की कुछ विशेषताओं की व्याख्या करना असंभव है।

दुर्भाग्य से भारतीय इतिहास के छात्र इस संघर्ष के महत्व को पूरी तरह से भूल चुके हैं। वे जानते थे कि ब्राह्मणवाद है। लेकिन वे वर्चस्व के संघर्ष से पूरी तरह अनभिज्ञ प्रतीत होते हैं जिसमें ये पंथ लगे हुए थे और उनका संघर्ष जो 400 वर्षों तक चला, उसने भारत के धर्म, समाज और राजनीति पर कुछ अमिट छाप छोड़ी है।

यह संघर्ष की पूरी कहानी का वर्णन करने का स्थान नहीं है। इतना ही किया जा सकता है कि कुछ प्रमुख बिंदुओं का उल्लेख कर दिया जाए। बौद्ध धर्म एक समय भारत के बहुसंख्यक लोगों का धर्म था। यह सैकड़ों वर्षों तक जनता का धर्म बना रहा। इसने ब्राह्मणवाद पर हर तरफ से ऐसा प्रहार किया जैसा इससे पहले किसी धर्म ने नहीं किया था।

ब्राह्मणवाद क्षीण हो रहा था और यदि क्षीण नहीं भी हो रहा था, तो वह निश्चित रूप से रक्षात्मक था। बौद्ध धर्म के प्रसार के साथ ही, ब्राह्मणों ने शाही दरबार और लोगों के बीच सारी शक्ति और प्रतिष्ठा खो दी थी। वे बौद्ध धर्म के हाथों मिली हार से बौखला रहे थे और अपनी सत्ता और प्रतिष्ठा को पुनः प्राप्त करने के लिए हर संभव प्रयास कर रहे थे। बौद्ध धर्म ने जनता के मन पर इतनी गहरी छाप छोड़ी थी और उन पर ऐसी पकड़ बना ली थी कि ब्राह्मणों के लिए बौद्धों के तरीकों और साधनों को स्वीकार किए बिना और बौद्ध पंथ को उसके चरम रूप में पालन किए बिना लड़ना बिल्कुल असंभव था। बुद्ध की मृत्यु के बाद उनके अनुयायियों ने बुद्ध की प्रतिमाओं को स्थापित करना और स्तूपों का निर्माण करना शुरू कर दिया। ब्राह्मणों ने इसका अनुसरण किया। उन्होंने अपनी ओर से, मंदिरों का निर्माण किया और उनमें शिव, विष्णु और राम और कृष्ण आदि की मूर्तियाँ स्थापित कीं- सब कुछ बुद्ध की मूर्ति पूजा से आकर्षित हुई भीड़ को आकर्षित करने के उद्देश्य से। इस तरह मंदिर और चित्र जिनका ब्राह्मणवाद में कोई स्थान नहीं था, हिंदू धर्म में आ गए। बौद्धों ने ब्राह्मण धर्म को अस्वीकार कर दिया जिसमें यज्ञ और पशु बलि, विशेष रूप से गाय की बलि शामिल थी। गाय की बलि पर आपत्ति ने जनता के मन पर एक मजबूत पकड़ बना ली थी, खासकर क्योंकि वह एक कृषि प्रधान आबादी थी और गाय एक बहुत ही उपयोगी जानवर है। जिस प्रकार अतिथि गोघ्न के रूप में गृहस्थों द्वारा गौहत्यारे के रूप में घृणा का पात्र बन गया था, क्योंकि वह जब भी आता था तो उसके सम्मान में गाय को मारना पड़ता था, उसी प्रकार ब्राह्मणों को गायों का हत्यारा कहकर घृणा की जाने लगी थी। ऐसी स्थिति में, ब्राह्मण अपनी पूजा के रूप में यज्ञ और गाय की बलि छोड़ देने के अलावा बौद्धों के खिलाफ अपनी स्थिति सुधारने के लिए कुछ नहीं कर सकते थे।

ब्राह्मणों द्वारा गोमांस खाना छोड़ने का उद्देश्य बौद्ध भिक्षुओं से उनके द्वारा प्राप्त वर्चस्व को छीनना था, इसका प्रमाण ब्राह्मणों द्वारा शाकाहार अपनाने से मिलता है। ब्राह्मण शाकाहारी क्यों बने? इसका उत्तर यह है कि शाकाहारी बने बिना ब्राह्मण उस जमीन को पुनः प्राप्त नहीं कर सकते थे

जो उन्होंने अपने प्रतिद्वंद्वी अर्थात् बौद्ध धर्म को खो दी थी। इस संबंध में यह याद रखना चाहिए कि बौद्ध धर्म की तुलना में एक पहलू ऐसा था जिसमें ब्राह्मणवाद को सार्वजनिक सम्मान में नुकसान हुआ था। यह पशु बलि की प्रथा थी जो ब्राह्मणवाद का सार थी और जिसका बौद्ध धर्म घोर विरोध करता था। यह कि एक कृषिप्रधान आबादी में बौद्ध धर्म के लिये सम्मान होता और ब्राह्मणवाद के खिलाफ विद्रोह जो गायों और बैलों सहित पशुओं का वध करता था, स्वाभाविक ही है। ब्राह्मण खोई जमीन वापस पाने के लिए और क्या कर सकते थे?

बौद्ध भिक्षुओं से बढ़त हासिल करने के लिये उन्हें न केवल मांसाहार त्यागना था बल्कि शाकाहारी बनना था- जो उन्होंने किया। शाकाहारी बनने में ब्राह्मणों का यही उद्देश्य था, इसे विभिन्न प्रकार से सिद्ध किया जा सकता है।

यदि ब्राह्मणों ने इस विश्वास के साथ ये कार्य किया कि पशु बलि खराब है, तो उनके लिए केवल इतना ही करना आवश्यक था कि बलि के लिए पशुओं को मारना छोड़ देते। इसके लिए शाकाहारी होना अनावश्यक था। उन्होंने शाकाहार को अपनाया, यह स्पष्ट करता है कि उनका मकसद दूरगामी था। दूसरे, उनके लिए शाकाहारी बनना अनावश्यक था। क्योंकि बौद्ध भिक्षु शाकाहारी नहीं थे। यह कथन बहुतों को इस लोकप्रिय धारणा के कारण आश्चर्यचकित कर सकता है कि अहिंसा और बौद्ध धर्म के बीच संबंध अनिवार्य और आवश्यक है। आमतौर पर यह माना जाता है कि बौद्ध भिक्षु पशु भक्षण से परहेज करते थे। यह एक त्रुटि है। तथ्य यह है कि बौद्ध भिक्षुओं को शुद्ध माने जाने वाले तीन प्रकार के मांस खाने की अनुमति थी। बाद में उन्हें पांच प्रकार के कर दिया गया। चीनी यात्री युआन च्वांग को इसकी जानकारी थी और उसने मांस के शुद्ध प्रकारों को सैन-चिंग के रूप में बताया। भिक्षुओं के बीच इस प्रथा की उत्पत्ति श्री थॉमस वाल्टर्स द्वारा बताई गई है। उनके द्वारा बताई गई कहानी के अनुसार[24]-

“बुद्ध के समय वैशाली में सिहा नाम का एक धनी सेनापति था जो बौद्ध धर्म में परिवर्तित हो गया था। वह भाइयों का एक उदार समर्थक बन

गया और उन्हें लगातार अच्छे मांस–भोजन की आपूर्ति किया करता था। जब बाहर वालों ने यह देखा कि भिक्षु इस प्रकार के भोजन को खा रहे हैं जो उनके लिए विशेष रूप से प्रदान किया जा रहा है, तो तीर्थिकों ने क्रोधित होकर इस प्रथा का तिरस्कार किया। तब संयमी तपस्वी भाइयों ने यह जानकर, गुरु को परिस्थितियों की सूचना दी, जिन्होंने तब भाइयों को एक साथ बुलाया। जब वे इकट्ठे हुए, तो उन्होंने उन्हें कानून की घोषणा की कि वे किसी भी ऐसे जानवर का मांस नहीं खाएंगे, जिसे उन्होंने अपने लिए वध होते हुए देखा है, या जिसके बारे में उन्हें बताया गया है कि यह उनके लिए मारा गया है। लेकिन उन्होंने भाइयों को 'शुद्ध' (यानी, वैध) भोजन के रूप में ऐसे जानवरों के मांस को खाने की अनुमति दी, जिसका वध भिक्षुओं द्वारा नहीं देखा गया था, न ही उनके द्वारा सुना गया था या उन्हें संदेह था कि यह उनके लिये मारा गया है। पाली और सू–फेन विनय में सिहा द्वारा बुद्ध और कुछ भाइयों को दिए गए नाश्ते के बाद, जिसके लिए एक बड़े बैल का शव खरीदा गया था, निर्ग्रन्थों ने भिक्षुओं को गालियाँ दी और बुद्ध ने इस नए नियम की स्थापना की जिसमें मछली और तीन स्थितियों में 'शुद्ध' मांस की घोषणा की। अब भिक्षुओं के लिये वैध पशु आहार को 'तीन शुद्ध' या 'तीन शुद्ध प्रकार के मांस' के रूप में जाना जाने लगा, और इसे संक्षिप्त रूप से 'अनदेखा, अनसुना, असंदिग्ध' के रूप में वर्णित किया गया, या जैसा कि चीनी अनुवादों में कभी–कभी प्राप्त होता है इसे 'न देखा, न सुना और न ही मेरे लिये होने का संदेह है' कहा गया। फिर दो और प्रकार के जानवरों के भोजन को "भाइयों के लिए वैध" घोषित किया गया। एक तो ऐसे जानवर का मांस जो प्राकृतिक मौत मर गया हो, और दूसरा वह जानवर जो शिकार के पक्षी या अन्य जंगली जीव द्वारा मारा गया हो। इस तरह मांस के पाँच वर्ग या प्रकार हो गए जिनका तथाकथित बौद्ध भोजन के रूप में उपयोग करने के लिए स्वतंत्र थे। इसके बाद 'अनदेखे, अनसुने, असंदिग्ध' को एक वर्ग के रूप में माना जाने लगा, और इसने 'प्राकृतिक मृत्यु' और 'पक्षी मारे' वालों के साथ मिलकर एक सं–चिग बना लिया।

चूंकि बौद्ध भिक्षु मांस खाते थे, इसलिए ब्राह्मणों के लिये इसे छोड़ने का कोई कारण नहीं था। फिर ब्राह्मण मांस खाना छोड़कर शाकाहारी क्यों

हो गए? ऐसा इसलिए था क्योंकि वे खुद को जनता की नजरों में सिर्फ बौद्ध भिक्षुओं के समान स्तर पर ही नहीं रखना चाहते थे।

यज्ञ पद्धति के त्याग और गाय की बलि के निषेध का केवल एक सीमित प्रभाव ही हो सकता था। ज्यादा से ज्यादा यह ब्राह्मणों को बौद्धों के बराबर खड़ा कर सकता था। ऐसा ही तब भी होता यदि वे बौद्ध भिक्षुओं द्वारा मांस भक्षण के मामले में पालन किए गए नियमों को अपना लेते। यह ब्राह्मणों को बौद्धों पर वर्चस्व हासिल करने का साधन नहीं दे सकता था जो कि उनकी महत्वाकांक्षा थी। वे बौद्धों को उस आदर और सम्मान के पद से उतारना चाहते थे जो उन्होंने बलि के लिए गाय की हत्या का विरोध करके जनता के मन में हासिल किया था। अपने उद्देश्य को प्राप्त करने के लिए ब्राह्मणों को एक निडर साहसी की सामान्य रणनीति अपनानी पड़ी। यह अतिवाद को अतिवाद से मात देना था। यह वही रणनीति थी जिसका उपयोग सभी दक्षिणपंथी वामपंथियों पर काबू पाने के लिए करते हैं। बौद्धों को हराने का एकमात्र तरीका एक कदम और आगे बढ़कर शाकाहारी होना था।

एक और कारण है जिस पर इस थीसिस का समर्थन करने के लिए भरोसा किया जा सकता है कि बौद्ध धर्म को खत्म करने के लिए ब्राह्मणों ने गौ-पूजा शुरू की, गोमांस खाना छोड़ दिया और शाकाहारी बन गए। यह है वह समय जब गाय की हत्या एक जघन्य पाप बन गई। यह सर्वविदित है कि अशोक द्वारा गाय की हत्या को अपराध नहीं बनाया गया था। बहुत से लोग उम्मीद करते हैं कि उसे गाय की हत्या पर रोक लगाना चाहिये था। प्रो. विन्सेंट स्मिथ इसे आश्चर्यजनक मानते हैं। लेकिन इसमें हैरानी की कोई बात नहीं है।

बौद्ध धर्म सामान्य रूप से पशु बलि के खिलाफ था। उन्हें गाय से कोई विशेष लगाव नहीं था। इसलिए अशोक के पास भी गाय को बचाने के लिए कानून बनाने का कोई विशेष कारण नहीं था। जो अधिक आश्चर्यजनक तथ्य है, वो यह है कि गो-हत्या को एक महापातक, एक जघन्य पाप या मृत्युदंड लायक अपराध उन गुप्त राजाओं ने बना दिया, जो हिंदू धर्म के

ध्वजवाहक थे, जिसने बलि के उद्देश्य से गो हत्या को मान्यता और मंजूरी दी थी। जैसा कि श्री डी.आर. भंडारकर ने बताया है[25]–

"हमें शिलालेखों के अकाट्य प्रमाण मिले हैं जो बताते हैं कि 5 वीं शताब्दी ईस्वी की शुरुआत में गाय की हत्या को एक जघन्य अपराध के रूप में देखा जाने लगा था, एक ऐसा अधम अपराध, इतनी गहरी अधमता जो एक ब्राह्मण की हत्या के समान थी। हमारे पास 465 ईस्वी का एक ताम्रपत्र अभिलेख है जो स्वयं को राजकीय गुप्त वंश के स्कंदगुप्त के शासनकाल का उल्लेख करता है। यह एक अनुदान को पंजीकृत करता है और एक श्लोक के साथ समाप्त होता है: 'जो कोई भी इस अनुदान का उल्लंघन करेगा जो उसे सौंपा गया है (वह उतना ही दोषी होगा जितना) एक गाय का हत्यारा, एक आध्यात्मिक गुरु का हत्यारा (या) एक ब्राह्मण का हत्यारा।' गो-हत्या को ब्रह्महत्या के समान स्तर पर रखनेवाला एक और पुराना रिकॉर्ड स्कंदगुप्त के दादा चंद्रगुप्त द्वितीय का है, जिसका अभी-अभी उल्लेख किया गया है। इसमें गुप्त तिथि 93 है, जो 412 ईस्वी के बराबर है। यह उस रेलिंग पर उत्कीर्ण है जो मध्य भारत में सांची में प्रसिद्ध बौद्ध स्तूप के चारों ओर है। यह चंद्रगुप्त के एक अधिकारी द्वारा किए गए एक अनुदान की भी बात करता है और इस प्रकार समाप्त होता है: ... "जो कोई भी इस व्यवस्था में हस्तक्षेप करेगा .. वह एक गाय या एक ब्राह्मण के वध (दोष) का दोषी होगा, और पांच अनंतर्य के साथ (अपराध) का।" यहाँ इस कथन का उद्देश्य अनुदान के गृहीता को, चाहे वह ब्राह्मणवादी हो या बौद्ध, उन पापों की धमकी देना है, जिन्हें हर समुदाय जघन्य मानता था। बौद्ध धर्मशास्त्र के अनुसार अनंतर्य पांच महापातक हैं। वे हैं: मातृहत्या, पितृहत्या, एक अर्हत की हत्या, एक बुद्ध का खून बहाना, और पुरोहितवाद के बीच फूट पैदा करना। जिन महापातकों से यहाँ एक ब्राह्मणवादी को धमकाया गया है, वे केवल दो हैं: एक गाय की हत्या और एक ब्राह्मण की हत्या। बाद वाला स्पष्ट रूप से एक महापातक है जैसा कि सभी स्मृतियों में उल्लेख किया गया है, लेकिन पूर्व वाले को आपस्तम्ब, मनु, याज्ञवल्क्य और अन्य द्वारा केवल एक उपपातक निर्दिष्ट किया गया है। लेकिन तथ्य यह है कि यह यहाँ ब्रह्म-हत्या से जुड़ा हुआ है और दोनों को

बौद्धों के अनंतर्यों के बराबर रखा गया है, यह दर्शाता है कि पाँचवीं शताब्दी ईस्वी की शुरुआत में, इसे महापातकों की श्रेणी में लाया गया था। इस प्रकार गो-हत्या को कम से कम एक शताब्दी पहले, यानी लगभग चौथी शताब्दी ईस्वी के प्रारंभ में महापातक माना जाने लगा था।

प्रश्न यह है कि एक हिंदू राजा को गो-हत्या के खिलाफ कानून बनाने के लिए, यानी मनु के कानूनों के खिलाफ कानून बनाने के लिए आगे क्यों आना चाहिए था? इसका उत्तर यह है कि बौद्ध भिक्षुओं के वर्चस्व को दूर करने के लिए ब्राह्मणों को अपने वैदिक धर्म की एक आवश्यकता को निलंबित या निरस्त करना पड़ा। यदि विश्लेषण सही है तो स्पष्ट है कि गाय की पूजा बौद्ध धर्म और ब्राह्मणवाद के संघर्ष का परिणाम है। यह ब्राह्मणों द्वारा अपनी खोई हुई स्थिति को पुनः प्राप्त करने के लिए अपनाया गया एक साधन था।

संदर्भ सूची

1. ऐतरेय ब्राह्मण II पृ. 72-74.
2. ऐतरेय ब्राह्मण (मार्टिन हॉग) II, पृ. 74-78.
3. ऐतरेय ब्राह्मण (मार्टिन हॉग) II, पृ. 84-86.
4. आत्रेय ब्राह्मण (मार्टिन हॉग) पृ. 86.
5. वास्तव में ब्राह्मणों ने पूरी लाश उठा ली। यज्ञकर्ता और उसकी पत्नी को केवल एक-एक पैर दिया गया था।
6. आत्रेय ब्राह्मण (मार्टिन हॉग), पृ. 86-87.
7. ऐतरेय ब्राह्मण (मार्टिन हॉग) I पृ. 86-90.
8. ऐतरेय ब्राह्मण (मार्टिन हॉग) II पृ. 87.
9. ऐतरेय ब्राह्मण (मार्टिन हॉग) II पृ. 93.
10. मनोता का अर्थ है वह देवता जिसे प्रसाद समर्पित किया जाता है।
11. ऐतरेय ब्राह्मण (मार्टिन हॉग) II, पृ. 441-42.
12. ऐतरेय ब्राह्मण (मार्टिन हॉग) II पृ. 80.
13. मनु, 209.
14. वही, 38.
15. वही, 45.
16. मनु, 48.

17. वही, 58.
18. वही, 59.
19. मनु, 70.
20. वही, 162.
21. वही, 142.
22. याज्ञ. III. 227 और III. 234.
23. काणे का धर्म शास्त्र II. भाग द्वितीय. पृ. 776.
24. युआन च्वांग (1904) वॉल्यूम. पृ. 55.
25. प्राचीन भारतीय संस्कृति के कुछ पहलू (1940) पृ. 78-79.

अध्याय - 14

गौमांस खाने से टूटे हुए लोग अछूत क्यों हो गए ?

ब्राह्मणों और गैर-ब्राह्मणों द्वारा गोमांस का त्याग और टूटे हुए लोगों द्वारा इसके निरंतर उपयोग ने एक ऐसी स्थिति पैदा कर दी थी जो पहले से अलग थी। यह अंतर इस तथ्य में निहित है कि जहां पुरानी स्थिति में सभी बीफ खाते थे, नई स्थिति में एक वर्ग ऐसा नहीं करता था और दूसरा करता था। यह अंतर एक महान अंतर था। हर कोई इसे देख सकता था। इसने समाज को इस तरह विभाजित किया जैसा पहले कभी नहीं किया था। फिर भी, इस अंतर ने समाज के इतने चरम विभाजन को जन्म नहीं दिया होगा जैसा कि अस्पृश्यता से सूचित होता है। यह एक सामाजिक अंतर के रूप में बना रह सकता था। ऐसे कई मामले हैं जहां समुदाय के विभिन्न वर्ग अपनी खान-पान की आदतों में भिन्न होते हैं। एक को जो पसंद है दूसरे को नापसंद होता है और फिर भी यह अंतर दोनों के बीच एक बाधा नहीं बनता है।

इसलिए कोई विशेष कारण रहा होगा कि भारत में बसे हुए समुदाय और टूटे हुए लोगों के बीच गोमांस खाने के मामले में अंतर ने दोनों के बीच एक अवरोध पैदा कर दिया। वह क्या हो सकता है? इसका उत्तर यह है कि यदि गोमांस भक्षण एक धर्मनिरपेक्ष मामला बना रहता - केवल व्यक्तिगत स्वाद का मामला - तो गोमांस खाने वालों और न खाने वालों के बीच ऐसी खाई पैदा ही नहीं होती। दुर्भाग्य से गोमांस भक्षण को विशुद्ध

रूप से धर्मनिरपेक्ष मामला मानने के बजाय इसे धर्म का मामला बना दिया गया। ऐसा इसलिए हुआ क्योंकि ब्राह्मणों ने गाय को एक पवित्र पशु बना दिया था। इससे गोमांस भक्षण अपवित्र हो गया। टूटे हुए लोग धर्म-घात के दोषी माने गए और अनिवार्य रूप से समाज के दायरे से परे हो गए।

यह उत्तर उन लोगों के लिए बिल्कुल स्पष्ट नहीं होगा जिन्हें समाज के जीवन में धर्म के दायरे और कार्य के बारे में कोई जानकारी नहीं है। वे पूछ सकते हैं: धर्म को इतना अन्तर क्यों पैदा करना चाहिए? धर्म के क्षेत्र और कार्य के संबंध में निम्नलिखित बातों को ध्यान में रखा जाए तो यह स्पष्ट हो जाएगा।

धर्म की परिभाषा[1] के साथ शुरू करते हैं।

एक सार्वभौमिक विशेषता है जो सभी धर्मों में पाई जाती है। यह विशेषता धर्म में विश्वासों और प्रथाओं की एक एकीकृत प्रणाली होने में निहित है जो (1) पवित्र वस्तुओं से संबंधित है और (2) जो उन सभी को एक समुदाय में एकजुट करती है जो उनका पालन करते हैं। इसे थोड़ा अलग तरीके से कहें तो हर धर्म में दो तत्व होते हैं। एक यह है कि धर्म पवित्र वस्तुओं से जुड़ा हुआ है। दूसरी बात यह है कि धर्म एक सामूहिक वस्तु है जो समाज से अविभाज्य है।

धर्म में पहला तत्व सभी वस्तुओं, चाहे वे वास्तविक हों या आदर्श, जो कि मनुष्य के विचार की विषय-वस्तु हैं, के दो अलग-अलग वर्गों में वर्गीकरण की परिकल्पना करता है, जिन्हें आम तौर पर दो अलग-अलग शब्दों पवित्र और अपवित्र से, जिन्हें धर्मनिरपेक्ष कहा जाता है, निर्दिष्ट किया गया है।

यह धर्म के दायरे को परिभाषित करता है। धर्म के कार्य को समझने के लिए- धर्म में पवित्र वस्तुओं के संबंध में निम्नलिखित बातों का ध्यान रखना चाहिए:

ध्यान देने योग्य पहली बात यह है कि पवित्र वस्तुएँ न केवल गरिमा और स्थिति में अपवित्र वस्तुओं से ऊँची या श्रेष्ठ होती हैं। वे बिल्कुल

अलग होती हैं। पवित्र और अपवित्र एक ही वर्ग के नहीं होते। इन दोनों के बीच पूर्ण द्विभाजन है। जैसा कि प्रो. दुर्खीम कहते हैं[2]:-

"अच्छे और बुरे का पारंपरिक विरोध इसके अलावा कुछ भी नहीं है; क्योंकि अच्छा और बुरा एक ही वर्ग की दो विरोधी प्रजातियां हैं, अर्थात्, नैतिकता, ठीक उसी तरह जैसे बीमारी और स्वास्थ्य तथ्यों के एक ही क्रम के दो अलग-अलग पहलू हैं, जीवन; जबकि पवित्र और अपवित्र की कल्पना मानव मन द्वारा हमेशा और हर जगह दो अलग-अलग वर्गों के रूप में, दो संसारों के रूप में की गई है जिनके बीच कुछ भी साम्य नहीं है।"

जिज्ञासु यह जानना चाह सकते हैं कि इस दुनिया में पवित्र और अपवित्र के बीच इस द्वंद्व को देखने के लिए लोगों को किसने प्रेरित किया है। हालाँकि हमें इस चर्चा में शामिल नहीं होना चाहिए क्योंकि यह हमारे तात्कालिक उद्देश्य के लिए अनावश्यक है।[3]

स्वयं को विषय तक सीमित रखते हुए, ध्यान देने वाली अगली बात यह है कि पवित्र वस्तुओं की परिधि निश्चित नहीं है। इसकी सीमा एक धर्म से दूसरे धर्म में बेहद अलग होती है। देवता और आत्माएँ ही केवल पवित्र वस्तुएँ नहीं हैं। एक चट्टान, एक पेड़, एक जानवर, एक झरना, एक कंकड़, लकड़ी का एक टुकड़ा, एक घर, यानी एक शब्द में कुछ भी पवित्र हो सकता है।

पवित्र चीजें हमेशा पाबंदियों से जुड़ी होती हैं जिन्हें वर्जनाएं भी कहते हैं। प्रोफेसर दुर्खीम[4] को फिर से उद्धृत करें तो:

"पवित्र वस्तुएँ वे हैं जो प्रतिबंधों से सुरक्षित और अलग की जाती हैं; अपवित्र वस्तुएँ, वे जिन पर ये प्रतिबंध लागू होते हैं और जो पहलेवाले से दूर रहनी चाहिए।"

धार्मिक प्रतिबंध कई रूप लेते हैं। इनमें से सबसे महत्वपूर्ण है संपर्क पर पाबंदी। संपर्क पर प्रतिबंध इस सिद्धांत पर टिका है कि अपवित्र को कभी भी पवित्र का स्पर्श नहीं करना चाहिए। स्पर्श के अलावा भी अन्य कई तरीकों से संपर्क स्थापित किया जा सकता है। दृष्टि भी संपर्क का एक

साधन है। इसीलिए कुछ मामलों में अपवित्र लोगों को पवित्र वस्तुओं के दर्शन की मनाही होती है। उदाहरण के लिए, महिलाओं को कुछ ऐसी चीजों को देखने की अनुमति नहीं है जिन्हें पवित्र माना जाता है। शब्द (अर्थात् श्वास जो मनुष्य का हिस्सा है और जो उसके बाहर फैलता है) संपर्क का दूसरा साधन है। इसीलिए अपवित्र लोगों को पवित्र वस्तुओं को संबोधित करने या उनका उच्चारण करने से मना किया जाता है। उदाहरण के लिए, वेद केवल ब्राह्मण द्वारा उच्चारित किया जाना चाहिए, शूद्र द्वारा नहीं। एक असाधारण अंतरंग संपर्क वह है जो भोजन के अवशोषण से उत्पन्न होता है। इसलिए पवित्र पशुओं या शाकों को खाने के खिलाफ पाबंदी आती है।

पवित्र से संबंधित प्रतिबंध चर्चा के लिए खुले नहीं होते हैं। वे चर्चा से परे हैं और उन्हें बिना किसी प्रश्न के स्वीकार किया जाना चाहिए। पवित्र इस अर्थ में 'अछूत' है कि यह बहस के दायरे से परे है। जो कुछ किया जा सकता है वह है सम्मान करना और पालन करना।

अंत में, पवित्र से संबंधित प्रतिबंध सभी के लिए बाध्यकारी हैं। वे सिद्धान्त नहीं हैं। वे आज्ञा हैं। वे अनिवार्य हैं लेकिन शब्द के सामान्य अर्थों में नहीं। वे एक स्पष्ट अनिवार्यता की प्रकृति ग्रहण कर लेते हैं। उनका उल्लंघन एक अपराध से अधिक होता है। यह एक अधर्म है।

उपरोक्त सारांश धर्म के दायरे और कार्य को समझने के लिए पर्याप्त होना चाहिए। विषय को और विस्तार देना अनावश्यक है। पवित्र नियमों की कार्यप्रणाली का विश्लेषण जो कि धर्म का मूल है, किसी को भी यह देखने में सक्षम बनाएगा कि इस प्रश्न का मेरा उत्तर कि गोमांस खाने से टूटे हुए लोग – अछूत क्यों बन गए, सही है। मैंने जो उत्तर प्रस्तावित किया है, उस तक पहुंचने के लिए केवल इतना ही आवश्यक है कि पवित्र वस्तु के रूप में गाय को लेकर पवित्र नियमों के कार्य के विश्लेषण को पढ़ लिया जाए। यह पाया जाएगा कि अस्पृश्यता पवित्र जानवर, अर्थात् गाय को खाने के खिलाफ पाबंदी के उल्लंघन का ही परिणाम है।

धर्म से आने वाले निषेधों को उनसे अलग किया जाना चाहिए जो जादू-टोने से आते हैं। इस विषय पर चर्चा के लिए, देखें वही p. 300.

जैसा कि कहा गया है, ब्राह्मणों ने गाय को एक पवित्र पशु बना दिया। उन्होंने जीवित गाय और मृत गाय में भी अंतर नहीं किया। गाय पवित्र थी, जीवित या मृत। बीफ खाना सिर्फ एक अपराध नहीं था। यदि यह केवल एक अपराध होता तो इसमें सजा के अलावा और कुछ शामिल नहीं होता। गोमांस भक्षण को अपवित्र बना दिया गया। जो कोई भी गाय को अपवित्र मानता था वह पाप का दोषी था और संगति के लिए अयोग्य था। टूटे हुए लोग जो बीफ खाना जारी रखे हुए थे, पाप के दोषी बन गए।

जब गाय पवित्र हो गई और टूटे हुए लोगों ने गोमांस खाना जारी रखा, तो टूटे हुए लोगों के लिए इसके अलावा और कोई भाग्य नहीं बचा था कि उन्हें संपर्क के लिए अनुपयुक्त, यानी अछूत माना जाता।

विषय को समाप्त करने से पहले थीसिस पर संभावित आपत्तियों का निपटान करना वांछनीय हो सकता है। थीसिस पर ऐसी दो आपत्तियाँ स्पष्ट दिखाई देती हैं। एक यह है कि क्या सबूत है कि टूटे हुए लोग मरी हुई गाय का मांस खाते थे। दूसरा यह कि उन्होंने गौमांस खाना क्यों नहीं छोड़ा जब ब्राह्मणों और गैर-ब्राह्मणों ने गौमांस खाना छोड़ दिया था । इस पुस्तक में दिए गए अस्पृश्यता की उत्पत्ति के सिद्धांत से इन प्रश्नों का महत्वपूर्ण संबंध है और इसलिए इन पर विचार किया जाना चाहिए।

पहला प्रश्न प्रासंगिक होने के साथ-साथ महत्वपूर्ण भी है। अगर टूटे हुए लोग शुरू से ही बीफ खा रहे थे, तो जाहिर है कि थ्योरी टिक नहीं सकती। क्योंकि, अगर वे शुरुआत से ही बीफ खा रहे थे और फिर भी उन्हें अछूत नहीं माना जाता था, तो यह कहना कि बीफ खाने के कारण टूटे हुए आदमी अछूत बन गए, बेतुका नहीं तो अतार्किक होगा। दूसरा प्रश्न यदि महत्वपूर्ण नहीं, तो प्रासंगिक है। यदि ब्राह्मणों ने गोमांस खाना छोड़ दिया और गैर-ब्राह्मणों ने उनका अनुकरण किया तो टूटे हुए लोगों ने ऐसा क्यों नहीं किया? यदि कानून ने गाय की हत्या को महापाप बना दिया क्योंकि गाय ब्राह्मणों और गैर-ब्राह्मणों के लिए एक पवित्र पशु बन गई, तो टूटे हुए

लोगों को गोमांस खाने से क्यों नहीं रोका गया? यदि उन्हें गोमांस खाने से रोका जाता तो अस्पृश्यता नहीं होती।

पहले प्रश्न का उत्तर यह है कि उस काल में भी जब गौमांस खाना बसे हुए आदिवासी और टूटे हुए लोग, दोनों के लिए सामान्य था, एक ऐसी प्रणाली विकसित हुई थी जिसमें बसे हुए समुदाय ताजा गोमांस खाते थे, जबकि टूटे हुए लोग मृत गाय का मांस खाते थे। हमारे पास यह दिखाने के लिए कोई सकारात्मक सबूत नहीं है कि बसे हुए समुदाय के सदस्यों ने कभी भी मृत गाय का मांस नहीं खाया। लेकिन हमारे पास नकारात्मक सबूत हैं जो बताते हैं कि मृत गाय टूटे हुए लोगों का अनन्य अधिकार और अनुलाभ बन गई थी। साक्ष्य में ऐसे तथ्य शामिल हैं जो महाराष्ट्र के महारों से संबंधित हैं

जिनका हवाला दिया जा चुका है। जैसा कि पहले बताया जा चुका है, महाराष्ट्र के महार मृत पशु को लेने के अधिकार का दावा करते हैं। इस अधिकार का दावा वे गांव के हर हिंदू से करते हैं। इसका मतलब यह हुआ कि कोई भी हिंदू अपने ही जानवर के मरने पर उसका मांस नहीं खा सकता है। उसे इसे महार को सौंपना होगा। यह केवल यह कहने का एक और तरीका है कि जब गोमांस खाना एक आम प्रथा थी, तब महार मृत गाय का मांस खाते थे और हिंदू ताजा गोमांस खाते थे। केवल एक ही प्रश्न उठता है: क्या जो वर्तमान का सत्य है वह प्राचीन अतीत का भी सत्य है? क्या इस तथ्य को, जो महाराष्ट्र के बारे में सच है, पूरे भारत में बसी हुई जनजातियों और टूटे हुए लोगों के बीच की व्यवस्था के रूप में लिया जा सकता है?

इस संबंध में महारों के बीच प्रचलित उस परंपरा का संदर्भ दिया जा सकता है जिसके अनुसार उनका दावा है कि उन्हें बेदर के मुस्लिम राजा द्वारा हिंदू ग्रामीणों के खिलाफ 52 अधिकार दिए गए थे। यह मान भी लें कि वे बेदर के राजा द्वारा दिए गए थे, इतना तो स्पष्ट है कि राजा ने ये अधिकार पहली बार नहीं बनाए थे। वे प्राचीन काल से अस्तित्व में रहे होंगे। राजा ने इतना ही किया कि केवल उनकी पुष्टि कर दी। इसका

मतलब यह है कि टूटे हुए लोगों के मरे हुए मांस खाने और बसे हुए आदिवासियों के ताजा मांस खाने की प्रथा प्राचीन काल में विकसित हुई होगी। ऐसी व्यवस्था का विकसित होना बिल्कुल स्वाभाविक है। स्थिर समुदाय कृषि और मवेशियों के साथ आजीविका के साधन रखने वाला एक धनी समुदाय था। टूटे हुए लोग कंगालों का एक समुदाय था जिसके पास आजीविका का कोई साधन नहीं था और वह पूरी तरह से बसे हुए समुदाय पर निर्भर था। दोनों के भोजन की प्रमुख वस्तु गौमांस थी। बसे हुए समुदाय के लिये भोजन के लिए किसी जानवर को मारना आसान था क्योंकि वे मवेशी रखते थे। टूटे हुए लोग ऐसा नहीं कर सकते थे क्योंकि उनके पास कोई पशु नहीं था। क्या इन परिस्थितियों में यह अस्वाभाविक था कि बसे हुए समुदाय टूटे हुए लोगों को पहरेदारी और देखभाल के एवज में अपने मृत जानवर देने के लिए सहमत हो गए थे? बिल्कुल नहीं। इसलिए यह माना जा सकता है कि प्राचीन अतीत में जब बसे हुए समुदाय और टूटे हुए लोग दोनों ही गोमांस खाते थे, तब पहले वाले ताजा गोमांस खाते थे और बाद वाले मृत गाय का, और यह प्रणाली पूरे भारत में सामान्य रूप से अस्तित्व में थी, यह नहीं कि केवल महाराष्ट्र तक ही सीमित थी।

इससे पहली आपत्ति का निराकरण हो जाता है। दूसरी आपत्ति की ओर मुड़ते हैं। गुप्त सम्राटों द्वारा बनाए गए कानून का उद्देश्य गायों की हत्या करने वालों को रोकना था। यह टूटे हुए लोगों पर लागू नहीं होता था। क्योंकि वे गाय को मारते नहीं थे। वे केवल मरी हुई गाय खाते थे। उनका आचरण गो-हत्या के खिलाफ कानून का उल्लंघन नहीं करता था।

इसलिए मृत गाय का मांस खाने की प्रथा जारी रखने की अनुमति दी गई। न ही उनके आचरण से अहिंसा के सिद्धांत का उल्लंघन हुआ, यह मानते हुए कि इसका ब्राह्मणों और गैर-ब्राह्मणों द्वारा गोमांस खाने के परित्याग से कोई लेना-देना नहीं था। गाय को मारना हिंसा थी। लेकिन मरी गाय को खाना नहीं। इसलिए टूटे हुए लोगों के लिये मरी हुई गाय को खाना जारी रखने में अंतरात्मा की झिझक महसूस करने का कोई कारण नहीं था। न तो कानून और न ही हिंसा का सिद्धांत उन्हें यह करने से रोक सकता

था, क्योंकि वे जो कर रहे थे वह न तो कानून के विपरीत था और न ही सिद्धांत के।

उन्होंने ब्राह्मणों और गैर-ब्राह्मणों की नकल क्यों नहीं की, इसका उत्तर दोहरा है। पहले तो, नकल बहुत महंगी थी। वे इसे वहन नहीं कर सकते थे। मृत गाय का मांस उनका मुख्य भोजन था। इसके बिना वे भूखे मर जाते। दूसरी बात यह है कि मृत गाय को ले जाना एक बाध्यता[5] बन गई थी, हालांकि मूल रूप से यह एक विशेषाधिकार था। चूंकि वे मृत गाय को ले जाने से बच नहीं सकते थे, इसलिए उन्होंने पहले की तरह मांस को भोजन के रूप में इस्तेमाल करने में कोई हानि नहीं समझी।

इसलिए आपत्तियाँ किसी भी तरह से थीसिस को अमान्य नहीं करती हैं।

संदर्भ सूची

1. धर्म की यह परिभाषा प्रो. एनविल दुर्खीम द्वारा उनके "धार्मिक जीवन के प्राथमिक रूप" पृ. 47 से, आगे की चर्चा के लिए मैंने उसी के लेखन से लिया है।
2. प्रो. दुर्खीम की 'द एलीमेंट्री फॉर्म्स ऑफ द रिलिजियस लाइफ" पृ. 38।
3. जिज्ञासु उपरोक्त पुस्तक के पृ. 317 को देख सकते हैं।
4. धार्मिक जीवन के प्राथमिक रूप पृ. 41।
5. महारों के बीच सुधार आन्दोलन के कारण स्थिति बिल्कुल उल्टी हो गई है। महार मरे हुए जानवर को लेने से इंकार करते हैं जबकि हिंदू ग्रामीण उन्हें इसे लेने के लिए मजबूर करते हैं।

भाग - 6
अस्पृश्यता और उसके जन्म की तारीख

अध्याय XV. अशुद्ध और अछूत.
अध्याय XVI. टूटे हुए लोग कब अछूत हो गए?

अध्याय - 15

अशुद्ध और अछूत

प्रथम

अस्पृश्यता कब अस्तित्व में आई? रूढ़िवादी हिंदुओं का कहना है कि यह अपने मूल में बहुत प्राचीन है। अपने तर्क के समर्थन में वे यह तथ्य देते हैं कि अस्पृश्यता पालन का निर्देश न केवल स्मृतियों द्वारा दिया गया है, जो कि बाद की तारीख के हैं, बल्कि यह धर्म सूत्रों द्वारा भी आदेशित है, जो बहुत पहले के हैं और जो कुछ लेखकों के अनुसार, ईसा पूर्व कुछ सदियों पहले के हैं।

अस्पृश्यता की उत्पत्ति की खोज के लिए समर्पित एक अध्ययन में इस प्रश्न के साथ शुरू करना चाहिए: क्या अस्पृश्यता उतनी ही पुरानी है जितनी बताई जाती है?

इस प्रश्न के उत्तर के लिए हमें धर्म सूत्रों की जांच करनी होगी ताकि पता लगाया जा सके कि जब वे अस्पृश्यता और अछूतों का उल्लेख करते हैं तो उनका क्या अर्थ होता है। क्या अस्पृश्यता से उनका मतलब वही है जो आज हम उससे समझते हैं? क्या वे वर्ग, जिसके लिए वे अछूत शब्द का उल्लेख करते हैं, उस अर्थ में अछूत हैं, जिस अर्थ में हम आज अछूत शब्द का प्रयोग करते हैं?

पहले प्रश्न से शुरू करते हैं। धर्म सूत्रों की एक परीक्षा निःसंदेह यह दर्शाती है कि वे एक ऐसे वर्ग की बात करते हैं जिसे वे अस्पृश्य कहते

हैं। इसमें भी कोई संदेह नहीं है कि अस्पृश्य शब्द का अर्थ अछूत ही है। हालाँकि यह प्रश्न बना हुआ है कि क्या धर्म सूत्रों का अस्पृश्य आधुनिक भारत के अस्पृश्य के समान ही है। यह प्रश्न तब महत्वपूर्ण हो जाता है जब यह महसूस किया जाता है कि धर्मसूत्र कई अन्य शब्दों का भी उपयोग करते हैं जैसे अंत्य, अंत्यज, अंत्यवासिन और बाह्य। इन शब्दों का उपयोग बाद के स्मृतियों द्वारा भी किया गया है। विभिन्न सूत्रों और स्मृतियों द्वारा इन शब्दों के उपयोग के बारे में कुछ विचार करना अच्छा होगा। निम्न तालिका इस उद्देश्य की पूर्ति के लिए अभिप्रेत है:-

I. अस्पृश्य

धर्मसूत्र	*स्मृति*
1. विष्णु V. 104.	1. कात्यायन श्लोक

II. अन्त्य

धर्मसूत्र	*स्मृति*
1. वशिष्ठ। (16-30)	1. मनु IV. 79; XIII. 68.
2. आपस्तंभ (III.I)	2. याज्ञवल्क्य I.148. 197.
	3. अत्रि 25.
	4. लिखित 92.

III. बाह्य

धर्मसूत्र	*स्मृति*
1. आपस्तंभ 1.2.39.18	1. मनु 28.
2. विष्णु 16. 14.	2. नारद I. 155

IV. अन्त्यवासिन

धर्मसूत्र	*स्मृति*
1. गौतम, XXXI; XXIII 32.	1. मनु, IV. 79; X. 39.
2. वशिष्ठ, XVIII. 3.	2. महाभारत का शांति पर्व 141; 29 32.
	3. मध्यमंगिरस (याज्ञ. पर मिताक्षरा में उद्धृत 3-280.

V. अन्त्यज

धर्मसूत्र	*स्मृति*
1. विष्णु 36.7.	1. मनु IV.61; VIII. 279.
	2. याज्ञवल्क्य 12.73.
	3. बृहद्यम स्मृति (याज्ञ. III. 260 पर मिताक्षरा द्वारा उद्धृत.
	4. अत्रि 199
	5. वेदव्यास 1.12.13

द्वितीय

अगला प्रश्न यह है कि क्या अंत्य, अंत्यज, अंत्यवासिन और बाह्य शब्दों से संकेतित वर्ग वही हैं जो अस्पृश्य शब्द से संकेतित हैं? दूसरे शब्दों में क्या वे एक ही वर्ग के लोगों के लिए केवल अलग-अलग नाम हैं?

यह एक दुर्भाग्यपूर्ण तथ्य है कि धर्मसूत्र हमें इस प्रश्न का उत्तर देने में सक्षम नहीं बनाते हैं। अस्पृश्य शब्द दो स्थानों पर आता है (एक बार एक सूत्र में और दो बार एक स्मृति में)। लेकिन इसमें शामिल वर्गों की गणना कोई नहीं देता। अंत्य शब्द का भी यही हाल है। यद्यपि अंत्य शब्द छह स्थानों पर (दो सूत्रों और चार स्मृतियों में) आता है, लेकिन कोई यह नहीं बताता कि वे कौन हैं। इसी प्रकार, बाह्य शब्द चार स्थानों पर (दो सूत्र और दो स्मृतियों में) आता है, लेकिन उनमें से कोई भी यह उल्लेख नहीं करता है कि इस शब्द के अंतर्गत कौन से समुदाय शामिल हैं। अंत्यवासिन और अंत्यज शब्दों के संबंध में एकमात्र अपवाद है। यहाँ फिर से कोई धर्म सूत्र उनकी गणना नहीं करता है। परन्तु स्मृतियों में इनकी गणना है। अंत्यवासिनों की गणना एक स्मृति में हुई है जिसे मध्यमांगिरस कहा जाता है और अंत्यजों की गणना अत्रि स्मृति और वेद व्यास स्मृति में हुई है। वे कौन हैं, यह निम्न तालिका से स्पष्ट होगा:-

संदर्भ सूची

अन्त्यवासिन	*अन्त्यज*	
मध्यमांगिरस	अत्रि	वेदव्यास
1. चांडाल	1. नट	1. चांडाल
2. श्वपाक	2. मेद	2. श्वपाक
3. क्षत्त	3. भिल्ल	3. नट
4. सूत	4. रजक	4. मेद
5. वैदेहिक	5. चर्मकार	5. भिल्ल
6. मागध	6. बुरुड	6. रजक
7. अयोगव	7. कायवर्त	7. चर्मकार
		8. विराट
		9. दास
		10. भट्ट
		11. कोलिक
		12. पुष्कर

इस तालिका से यह बिल्कुल स्पष्ट है कि अंत्यवासिन और अंत्यज शब्दों के उपयोग के संबंध में न तो सटीकता है और न ही सहमति। उदाहरण के लिए चांडाल और श्वपाक मध्यांगिरस और वेद व्यास के अनुसार अंत्यवासिन और अंत्यज दोनों श्रेणियों में आते हैं। लेकिन जब कोई मध्यमंगिरस की तुलना अत्रि से करता है तो वे विभिन्न श्रेणियों में आते हैं। अंत्यज शब्द के सम्बन्ध में भी यही सत्य है। उदाहरण के लिए (1) चांडाल और (2) श्वपाक वेद व्यास के अनुसार अंत्यज हैं, जबकि अत्रि के अनुसार नहीं। फिर अत्रि के अनुसार (1) बुरुड़ और (2) कायवर्त अंत्यज हैं जबकि वेद व्यास के अनुसार वे नहीं हैं। फिर (1) विराट (2) दास (3) भट्ट (4) कोलिक और (5) पुष्कर वेद व्यास के अनुसार अंत्यज हैं लेकिन अत्रि के अनुसार वे नहीं हैं।

अब तक की स्थिति का सारांश यह है कि: न तो धर्म सूत्र और न ही स्मृतियाँ हमें यह पता लगाने में मदद करती हैं कि अस्पृश्य की श्रेणी में कौन शामिल थे। इसी तरह धर्मसूत्र और स्मृतियाँ भी हमें यह बताने में अक्षम हैं कि क्या अंत्यवासिन, अंत्यज और बाह्य कहे जाने वाले वर्ग अस्पृश्य ही थे। क्या यह पता लगाने का कोई और तरीका है कि इनमें से कोई अस्पृश्य की श्रेणी में आता है या नहीं? इन वर्गों में से प्रत्येक के बारे में जो भी जानकारी उपलब्ध है, उसे एक साथ एकत्रित करना बेहतर होगा।

बाह्यों के बारे में क्या कहा जाए? कौन हैं वे? वे क्या हैं? क्या वे अछूत हैं? इनका उल्लेख मनु ने किया है। उनकी स्थिति को समझने के लिए मनु की सामाजिक वर्गीकरण की योजना का उल्लेख करना आवश्यक है। मनु ने लोगों को विभिन्न श्रेणियों में विभाजित किया है। वह पहले[1] (1) वैदिक और (2) दस्युओं के बीच एक व्यापक विभाजन करते हैं। फिर वह वैदिकों को चार उप-विभाजनों में विभाजित करते है: (1) चातुर्वर्ण्य के अंदर (2) चातुर्वर्ण्य के बाहर (3) व्रात्य और (4) पतित या बहिष्कृत।

कोई व्यक्ति चातुर्वर्ण्य के अंदर है या बाहर, यह प्रश्न माता-पिता के वर्ण द्वारा निर्धारित किया जाता था। यदि वह एक ही वर्ण के माता-पिता से पैदा हुआ था, तो वह चातुर्वर्ण्य के अंदर था। दूसरी ओर, यदि वह विभिन्न वर्णों के माता-पिता से पैदा हुआ था, यानी वह मिश्रित विवाह की संतान था या जिसे मनु वर्णसंकर कहते हैं, तो वह चातुर्वर्ण्य के बाहर था। चातुर्वर्ण्य के बाहर के लोगों को मनु ने आगे दो वर्गों में विभाजित किया है। (1) अनुलोम और (2) प्रतिलोग। अनुलोम[2] वे थे जिनके पिता उच्च वर्ण के थे और माता निम्न वर्ण की थीं। दूसरी ओर, प्रतिलोम वे थे जिनके पिता निम्न वर्ण के थे और माताएँ उच्च वर्ण की थीं। यद्यपि अनुलोम और प्रतिलोम दोनों एक जैसे ही थे, क्योंकि वे चातुर्वर्ण्य के बाहर थे, मनु उनमें भेद करते हैं। अनुलोमों को वह वर्णबाह्य या संक्षेप में बाह्य कहते हैं, जबकि प्रतिलोम को वह हीन कहते हैं। हीन, बाह्यों से नीचे हैं। लेकिन न तो बाह्य को और न ही हीन को मनु अछूत मानते हैं।

एक वर्ग के रूप में अंत्य का उल्लेख मनु IV.79 में मिलता है। हालांकि मनु उनकी गणना नहीं करते हैं। मेधातिथि ने अपनी टिप्पणी में सुझाव दिया है कि अंत्य का अर्थ है म्लेच्छ, जैसे मेद, आदि। बुहलर ने अंत्य को निम्न जाति के व्यक्ति के रूप में अनुवादित किया है।

इस प्रकार यह इंगित करने के लिए कुछ भी नहीं है कि अंत्य अस्पृश्य थे। पूरी संभावना है कि, यह उन लोगों को दिया गया नाम था जो गांव के बाहरी इलाके या अंत में रह रहे थे। उन्हें निम्न क्यों समझा जाने लगा इसका कारण बृहदारण्यक उपनिषद (1.3) में वर्णित एक कहानी में मिलता है, जिसका संदर्भ श्री काणे ने दिया है।[3] कहानी यह है कि-

> “देवताओं और असुरों पर प्रहार हुआ और देवताओं ने सोचा कि वे उदगीथन द्वारा असुरों से श्रेष्ठ हो सकते हैं। इसमें यह परिच्छेद आता है श्इस देवता (प्राण) ने इन देवताओं (वाक, आदि) के मृत्यु के पाप को दूर करके इन देवताओं के सिरों पर भेज दिया; इसलिए किसी को भी आर्य पाले के बाहर के लोगों के पास नहीं जाना चाहिए और न ही दिशाम् अन्त (आवासों के छोर) को सोच कर जाना चाहिए, अन्यथा मैं पापमणि यानी मृत्यु के साथ गिर सकता हूँ।”

अंत्य का अर्थ ‘दिशाम् अंत’ वाक्यांश के अर्थ पर निर्भर करता है जो ऊपर उद्धृत परिच्छेद में आया है। यदि वाक्यांश ‘आवासों के छोर’ का अनुवाद ‘गाँव की परिधि के अंत’ के रूप में किया जाए, इसे दूर का अर्थ कहे बिना, तो यहाँ हमें अंत्य के मूल अर्थ का पता चल जाता है। इससे यह तात्पर्य नहीं मिलता कि अंत्य लोग अछूत थे। इसका मतलब सिर्फ इतना था कि वे गांव के बाहरी इलाके में रह रहे थे।

जहां तक अंत्यजों का संबंध है, हम उनके बारे में जो जानते हैं, वह इस विचार का खंडन करने के लिए पर्याप्त है कि वे अछूत थे। निम्नलिखित तथ्यों पर ध्यान आकर्षित किया जा सकता है[4]:

महाभारत के शांतिपर्व (109.9) में अन्त्यजों का उल्लेख है जिन्हें सेना में सैनिक कहा गया है। सरस्वतीविलास के अनुसार, पितामह अंत्यज शब्द में सात बार शामिल रजकों को प्रकृति के रूप में बताते हैं। प्रकृति

का अर्थ व्यापार संघों से है जैसे धोबी आदि, जो भिल्लम II शक संवत् 922 के संगमनेर प्लेट से काफी स्पष्ट है, जो अठारह प्रकृतियों को एक गाँव के अनुदान को दर्ज करता है। वीरमित्रोदय का कहना है कि श्रेणियों का अर्थ अठारह जातियों जैसे राजक आदि से है, जिन्हें सामूहिक रूप से अंत्यज कहा जाता था। इन तथ्यों को ध्यान में रखते हुए अंत्यजों को अछूत कैसे कहा जा सकता है?

अंत्यवासिन की तरफ आते हैं, वे कौन थे? क्या वे अछूत थे? अन्त्यवासिन शब्द का प्रयोग दो भिन्न अर्थों में किया गया है।

एक अर्थ में यह छात्र जीवन के दौरान गुरु के घर में रहने वाले एक ब्रह्मचारी के लिये आता है। ब्रह्मचारी को अंत्यवासिन कहा जाता था।[3] इसका मतलब शायद वह था जिसे सबसे अंत में परोसा जाता था। ब्रह्मचारी को अंत्यवासिन कहने का कारण जो भी रहा हो, इसमें कोई विवाद नहीं कि यहाँ यह शब्द अस्पृश्यता का बोध नहीं कराता। ऐसा हो भी कैसे सकता था जब केवल ब्राह्मण, क्षत्रिय और वैश्य ही ब्रह्मचारी बन सकते थे। दूसरे अर्थ में वे लोगों के एक समूह को इंगित करते हैं। लेकिन इस अर्थ में भी यह संदेहास्पद ही है कि इसका अर्थ अस्पृश्य है।

वशि.ध.सू.(18.3) के अनुसार वे एक शूद्र पिता और वैश्य माता की संतान हैं। पर मनु (V.39) के अनुसार वे एक चांडाल पिता और एक निषाद माता की संतान हैं। जिस वर्ग से वे संबंधित हैं, उसके बारे में मिताक्षरा का कहना है कि वे अंत्यजों का एक उप-समूह हैं, जिसका अर्थ है कि अंत्यवासी अंत्यजों से अलग नहीं थे। इसलिए अंत्यजों के बारे में जो सत्य है उसे अंत्यवासिनों के बारे में भी सत्य माना जा सकता है।

तृतीय

अंत्यवासिन, अंत्य, अंत्यज कहे जाने वाले लोगों की सामाजिक स्थिति के बारे में प्राचीन साहित्य से जो जानकारी मिलती है, उसके आधार पर स्थिति का जायजा लेने के लिए यहां रुकते हैं, तो स्पष्ट लगता है कि यह कहना उचित नहीं है कि शब्द के आधुनिक अर्थों में ये वर्ग अस्पृश्य थे।

हालांकि, उन लोगों की संतुष्टि के लिए जिन्हें अभी भी कुछ संदेह होगा, इस मामले की दूसरे दृष्टिकोण से जांच की जा सकती है। यह मानते हुए कि उन्हें अस्पृश्य कहा गया था, हम आगे यह जानने की कोशिश करेंगे कि धर्मसूत्र के समय में इस शब्द का अर्थ क्या था।

इस प्रयोजन के लिए हम शास्त्रों द्वारा निर्धारित प्रायश्चित के नियमों का पता लगाएंगे। इन नियमों के अध्ययन से हम यह देख पाएंगे कि क्या धर्मसूत्रों के समय में अस्पृश्य शब्द का वही अर्थ था जो अब है।

चांडाल के मामले को अस्पृश्य नामक वर्ग के एक उदाहरण के रूप में लेते हैं। सबसे पहले, यह याद रखना चाहिए कि चांडाल शब्द लोगों के एक एकल सजातीय वर्ग को नहीं दर्शाता। यह कई वर्गों के लोगों के लिए एक शब्द है, सभी एक दूसरे से भिन्न हैं। चांडाल के कुल मिलाकर पांच अलग-अलग वर्ग हैं जिनका शास्त्रों में उल्लेख किया गया है।

वे (i) एक शूद्र पिता और एक ब्राह्मण माता की संतान हैं,[5] (ii) एक अविवाहित महिला की संतान[6] (iii) एक सगोत्र महिला के साथ होने वाली संतान[7] हैं, (iv) एक ऐसे व्यक्ति की संतान जो एक सन्यासी बनने के बाद गृहस्थ जीवन में वापस आ जाता है[8] और (v) एक नाई पिता और एक ब्राह्मण माता की संतान[9]।

यह कहना मुश्किल है कि किस चांडाल के लिये शुद्धि आवश्यक है। हम यह मानकर चलेंगे कि सभी चांडालों के मामले में शुद्धिकरण आवश्यक है। शास्त्रों द्वारा निर्धारित शुद्धि का नियम क्या है?

गौतम ने अपने धर्म सूत्र (अध्याय XIV, श्लोक 30) में भी इसका उल्लेख निम्नलिखित शब्दों में किया है:-

> "किसी परित्यक्त, चांडाल, अपने बन्धन के कारण अपवित्र स्त्री, किसी रजस्वला स्त्री, या किसी शव को स्पर्श करने पर और उन्हें छूने वाले व्यक्तियों को स्पर्श करने पर, वह अपने वस्त्रों सहित स्नान करके स्वयं को पवित्र करे।"

नीचे वशिष्ठ धर्म सूत्र (अध्याय IV, श्लोक 37) द्वारा दिए गए नियम का पाठ है:-

"यदि उसने यज्ञ के स्तंभ, चिता, श्मशान भूमि, रजस्वला या हाल ही में बंधी हुई स्त्री, अशुद्ध पुरुषों या चांडालों आदि को स्पर्श किया हो, तो उसे अपने शरीर और सिर दोनों को जलमग्न करके स्नान करना चाहिए।"

बौधायन वशिष्ठ से सहमत हैं क्योंकि वे भी अपने धर्म सूत्र (प्रश्न 1, अध्याय 5, खंड 6, श्लोक 5) में कहते हैं:-

"किसी पवित्र स्थान पर एक पेड़ को छूने पर, अंतिम संस्कार की चिता, यज्ञ की चौकी, चांडाल या वेद बेचने वाले व्यक्ति को स्पर्श करने पर, एक ब्राह्मण को वस्त्र सहित स्नान करना चाहिए।"

मनु में लिखित नियम निम्न हैं:-

V. 85: यदि उसने (ब्राह्मण ने) एक चांडाल, एक रजस्वला महिला, एक बहिष्कृत, एक प्रसूता महिला, एक लाश को छुआ है, या उसका स्पर्श किया है जिसने (लाश) को छुआ है, वह स्नान करके शुद्ध हो जाता है।

V. 131: मनु ने घोषित किया है कि कुत्तों द्वारा मारे गए जानवर का मांस शुद्ध होता है, वैसे ही मांसाहारी (जानवरों) द्वारा या निम्न जाति के लोगों (दास्य) जैसे चांडाल द्वारा मारे गए जानवर का मांस भी।

V. 143: वह, जो किसी भी तरह से कुछ भी ले जाने के दौरान, किसी अशुद्ध (व्यक्ति या वस्तु) द्वारा छुआ जाता है, वह शुद्ध हो जाएगा, यदि वह उस वस्तु को नीचे गिराए बिना, स्नान करता है।

धर्मसूत्र और मनु से लिए गए इन उद्धरणों से निम्नलिखित बातें स्पष्ट होती हैं:-

(1) कि चांडाल के स्पर्श से होने वाली अशुद्धि केवल ब्राहाण के लिये होती थी।

(2) कि अशुद्धि शायद औपचारिक अवसरों पर ही मानी जाती थी।

चतुर्थ

यदि ये निष्कर्ष सही हैं तो यह मामला अशुद्धि का था जो अस्पृश्यता से अलग है। अशुद्ध और अछूत के बीच का अंतर बहुत स्पष्ट है। अस्पृश्य सभी को अपवित्र करता है जबकि अशुद्ध केवल ब्राह्मण को अपवित्र करता है। अशुद्ध का स्पर्श केवल औपचारिक अवसर पर अपवित्रता का कारण बनता है। अछूत का स्पर्श हर समय अपवित्रता का कारण बनता है।

एक और तर्क है जिसका अब तक कोई उल्लेख नहीं किया गया है जो इस सिद्धांत को पूरी तरह से खारिज करता है कि धर्मसूत्र में उल्लिखित समुदाय अछूत थे। यह तर्क ऑर्डर-इन-काउंसिल (जिसे अध्याय II में पुनः प्रस्तुत किया गया है) में दी गई समुदायों की सूची की तुलना स्मृतियों से तैयार इस अध्याय में दी गई सूची से करने पर निकलता है। तुलना क्या दर्शाती है? जैसा कि कोई भी देख सकता है, यह दिखाता है:-

प्रथम : स्मृतियों में वर्णित समुदायों की अधिकतम संख्या केवल 12 है, जबकि आर्डर-इन-काउंसिल में वर्णित समुदायों की संख्या 429 आती है।

दूसरी बात: ऐसे समुदाय हैं जिन्हें ऑर्डर-इन-काउंसिल में जगह मिली है, लेकिन जिन्हें स्मृतियों में जगह नहीं मिली है।[10] कुल 429 में से लगभग 427 ऐसे हैं जो स्मृतियों के लिए अज्ञात हैं।

तीसरा: स्मृतियों में ऐसे समुदायों का भी उल्लेख है, जिन्हें ऑर्डर-इन-काउंसिल में बिल्कुल भी जगह नहीं मिली है।

चौथा : एक ही समुदाय ऐसा है जिसे दोनों में जगह मिली है। यह चर्मकार समुदाय है।[11]

जो लोग यह स्वीकार नहीं करते कि अपवित्र लोग अछूतों से भिन्न हैं, वे इन तथ्यों से अवगत प्रतीत नहीं होते हैं। लेकिन उन्हें इनका सामना करना होगा। ये तथ्य इतने महत्वपूर्ण हैं और इतने मुखर हैं कि यह निष्कर्ष निकालना ही होगा कि दोनों अलग-अलग हैं।

पहला तथ्य लीजिए। यह एक बहुत ही महत्वपूर्ण प्रश्न खड़ा करता है।

यदि दोनों सूचियाँ एक समान ही वर्ग के लोगों को सूचित करती हैं, तो उनमें अंतर क्यों है और वो भी इतना व्यापक अंतर? ऐसा कैसे हो सकता है कि शास्त्रों में उल्लिखित समुदाय ऑर्डर-इन-काउंसिल में दी गई सूची में नहीं आते हैं? इसके विपरीत, ऐसा कैसे हो सकता है कि शास्त्रों द्वारा दी गई सूची में ऑर्डर-इन-काउंसिल में उल्लिखित समुदाय नहीं पाए जाते हैं? यह पहली कठिनाई है जिसका हमें सामना करना है।

यह धारणा कि वे एक ही वर्ग के लोगों को संदर्भित करते हैं, प्रश्न को और भी गंभीर बना देती है। यदि वे एक ही वर्ग के लोगों का उल्लेख करते हैं तो जाहिर तौर पर अस्पृश्यता जो मूल रूप से 12 समुदायों तक सीमित थी, अब 429 समुदायों तक पहुंच गई है! अस्पृश्यता के साम्राज्य के इस विशाल विस्तार का कारण क्या है? यदि ये 429 समुदाय उसी वर्ग के हैं जिनके 12 का शास्त्रों में उल्लेख किया गया है तो किसी भी शास्त्र में उनका उल्लेख क्यों नहीं है? ऐसा नहीं हो सकता कि शास्त्रों के लिखे जाने के समय 429 समुदायों में से कोई भी समुदाय अस्तित्व में नहीं था। यदि ये सभी अस्तित्व में नहीं भी थे तो कम से कम कुछ तो अवश्य होते। जो अस्तित्व में थे उनका भी कोई उल्लेख क्यों नहीं मिलता?

इस आधार पर कि दोनों सूचियाँ एक ही वर्ग के लोगों की हैं, इन प्रश्नों का कोई संतोषजनक उत्तर देना कठिन है। दूसरी ओर, यदि यह मान लिया जाए कि ये सूचियाँ दो अलग-अलग वर्गों के लोगों को संदर्भित करती हैं, तो ये सभी प्रश्न गायब हो जाते हैं। दोनों सूचियाँ भिन्न हैं क्योंकि शास्त्रों में निहित सूची अपवित्रों की सूची है और ऑर्डर-इन-काउंसिल में निहित सूची अस्पृश्यों की सूची है। यही कारण है कि दोनों सूचियों में अंतर है। दोनों सूचियों में अंतर उसी बात पर जोर देता है जो अन्य आधारों पर कही गई हैं, यानी शास्त्रों में वर्णित वर्ग केवल अशुद्ध हैं और उन्हें वर्तमान समय के अछूत मान लेना एक गलती है।

अब दूसरी ओर मुड़ें। यदि अपवित्र और अछूत एक ही हैं, तो ऐसा क्यों है कि 429 में से 427 स्मृतियों के लिए अज्ञात हैं? समुदायों के रूप में, वे स्मृतियों के समय अस्तित्व में रहे होंगे। अगर वे अब अछूत हैं, तो वे तब भी अछूत रहे होंगे। फिर स्मृतियों ने उनका जिक्र क्यों नहीं किया?

तीसरे का क्या? यदि अपवित्र और अस्पृश्य एक ही हैं, तो उन समुदायों को जिन्हें स्मृतियों में स्थान प्राप्त है, आर्डर-इन-काउंसिल में दी गई सूची में स्थान क्यों नहीं मिला? इस प्रश्न के केवल दो ही उत्तर हैं। एक तो यह कि एक समय में अछूत होते हुए भी वे बाद में अछूत नहीं रहे।

दूसरा यह है कि इन दो सूचियों में उन समुदायों के नाम हैं जो पूरी तरह से अलग-अलग श्रेणियों में आते हैं। पहला उत्तर ठीक नहीं है। क्योंकि अस्पृश्यता स्थायी होती है। समय इसे मिटा या साफ नहीं कर सकता। अतः दूसरा निष्कर्ष ही संभावित है।

चौथे को लें। सिर्फ चमार को ही सूची में जगह क्यों मिली? इसका उत्तर यह नहीं है कि दोनों सूचियों में एक ही वर्ग के लोग शामिल हैं। यदि यह उत्तर सही होता, तो केवल चमार ही नहीं बल्कि स्मृतियों द्वारा दी गई सूची में शामिल अन्य सभी वर्ग दोनों सूचियों में दिखाई देते। लेकिन ऐसा नहीं है। सही उत्तर यह है कि दोनों सूचियों में दो अलग-अलग वर्ग के लोग शामिल हैं। अशुद्धों की सूची में शामिल कुछ लोगों के अछूतों की सूची में आने का कारण यह है कि अशुद्ध ही कभी अछूत बन गए। दोनों में चमार का होना इस बात का कोई साक्ष्य नहीं है कि अशुद्ध और अछूत के बीच कोई अंतर नहीं है। इससे यही सिद्ध होता है कि चमार जो कभी अशुद्ध था, बाद में अछूत बन गया और इसलिए उसे दोनों सूचियों में शामिल करना पड़ा। स्मृतियों में अशुद्ध समुदायों के रूप में वर्णित बारह समुदायों में से केवल चमार को ही अछूत की स्थिति में क्यों डाला गया, यह समझना मुश्किल नहीं है। चमारों और अन्य अशुद्ध समुदायों के बीच जो अंतर आया वह गोमांस खाने से आया है। जब गाय पवित्र मानी जाने लगी और गोमांस खाना पाप बन गया, तो अशुद्धों में से केवल वे ही अछूत बने जो गोमांस खाते थे। चमार एकमात्र गौमांस भक्षण करने वाला समुदाय था। इसलिए सिर्फ यही दोनों सूचियों में दिखाई देता है। चमारों से संबंधित प्रश्न का उत्तर दो बिन्दुओं पर निर्णायक है। यह इस बिंदु पर निर्णायक है कि अशुद्ध अछूतों से अलग हैं। और यह इस बात पर भी निर्णायक है कि गौमांस ही अस्पृश्यता की जड़ है और यह अशुद्ध और अस्पृश्यों को विभाजित करता है।

यह निष्कर्ष कि अस्पृश्यता और अपवित्रता एक ही नहीं है, अस्पृश्यता के जन्म काल के निर्धारण के लिये महत्वपूर्ण है। इसके बिना यह काल निर्धारित करने का कोई भी प्रयास अपने लक्ष्य से चूक जाएगा।

संदर्भ सूची

1. देखिए मनु 1, 45,
2. वही
3. काणे-धर्मशास्त्र का इतिहास II. भाग I. पृ. 167.
4. काणे-धर्मशास्त्र का इतिहास II. भाग I. पृ. 70.
5. अमरकोश द्वितीय काण्ड ब्रह्मबर्ग श्लोक II.
6. मनु स्मृति सहित सभी धर्म सूत्रों और स्मृतियों के अनुसार।
7. वेद व्यास स्मृति के अनुसार (1. 910)
8. परशुरा माधव्य में उद्धृत यम के अनुसार।
9. अनुशासन पर्व (29-17)। उसे मातंग भी कहा जाता है।
10. आर्डर-इन-काउंसिल में उल्लिखित 429 समुदायों में से केवल 3 हैं जो स्मृतियों द्वारा दी गई सूची में पाए जाते हैं।
11. दोनों सूचियों में दो अन्य समुदायों का भी उल्लेख है (1) नट और (2) रजक। लेकिन आर्डर-इन-काउंसिल के अनुसार वे देश के कुछ भागों में ही अछूत हैं। चमार पूरे भारत में अछूत है।

अध्याय - 16

टूटे हुए लोग कब अछूत हो गए?

पूर्वगामी शोधों और चर्चाओं से साबित हो गया है कि एक समय था जब भारत के गाँवों में एक तरफ स्थापित समुदाय और दूसरी तरफ टूटे हुए लोग शामिल थे और हालांकि दोनों अलग रहते थे, पहले वाले गाँव के अंदर और दूसरे उसके बाहर, फिर भी बसे हुए समुदाय के सदस्यों और टूटे हुए लोगों के बीच सामाजिक मेलजोल पर कोई रोक नहीं थी। जब गाय को पवित्र माना जाने लगा और गोमांस खाना वर्जित हो गया, तो समाज दो भागों में बंट गया - बसा हुआ समुदाय एक स्पृश्य समुदाय बन गया और टूटे हुए लोग एक अस्पृश्य समुदाय बन गए। टूटे हुए लोगों को अछूत कब माना जाने लगा? यह आखिरी सवाल है जिस पर विचार किया जाना बाकी है। अस्पृश्यता के जन्म का निश्चित समय तय करने में स्पष्ट कठिनाइयाँ हैं। अस्पृश्यता सामाजिक मनोविज्ञान का एक पहलू है। यह एक समूह का दूसरे समूह के विरुद्ध एक प्रकार का सामाजिक वैमनस्य है। सामाजिक मनोविज्ञान का एक परिणाम होने के नाते, जिसने रूप और आकार प्राप्त करने में कुछ समय लिया होगा, इस तरह की घटना के लिये कोई भी एक निश्चित तिथि तय करने का साहस नहीं कर सकता, जो शायद एक ऐसे बादल के रूप में शुरू हुआ जो मनुष्य के हाथ से बड़ा नहीं था और तब तक बढ़ता गया जब तक कि उसने अपना अंतिम रूप और आकार नहीं ले लिया जैसा कि हम आज देखते हैं।

अस्पृश्यता का बीज कब बोया गया? यदि निश्चित तिथि तय करना संभव नहीं है, तो क्या अनुमानित तिथि तय करना संभव है?

निश्चित तिथि संभव नहीं है। लेकिन अनुमानित समय देना संभव है। इसके लिए सबसे पहला काम यह करना है कि शुरू में ऊपरी समय-सीमा जब अस्पृश्यता मौजूद नहीं थी और निचली समय-सीमा, जब यह शुरू हुई थी, तय की जाय।

ऊपरी सीमा तय करने के सवाल से शुरू करने के लिए पहली बात यह है कि वेदों में उन लोगों का उल्लेख किया गया है जिन्हें अंत्यज कहा जाता है। लेकिन उन्हें न केवल अछूत नहीं माना जाता था बल्कि उन्हें अपवित्र भी नहीं माना जाता था। काणे से निम्नलिखित उद्धरण इस निष्कर्ष के समर्थन में उद्धृत किया जा सकता है। काणे[1] कहते हैं:

> "प्रारंभिक वैदिक साहित्य में जातियों के कई नाम आए हैं जो स्मृतियों में अंत्यज के रूप में बोले गए हैं। ऋग्वेद में (VIII.8,38) चर्मण (चर्मकार) आया है, चांडाल और पौल्कस वाज. सं. में पाए गए हैं, वेप या वप्त (नाई) ऋग्वेद तक में, विडालकर या बिडालकर (स्मृतियों के बुरुड के अनुरूप) वाज.सं. तथा तै. ब्रा. में आया है। वसहपल्पुली (धोबी महिला) वाज. सं. में आया है जो स्मृतियों के रजक के अनुरूप है। लेकिन इन परिच्छेदों में इस बात का कोई संकेत नहीं है कि भले ही वे जातियां हों, वे अछूत थे।

इस प्रकार वैदिक काल में अस्पृश्यता नहीं थी। जहां तक धर्मसूत्रों के काल का संबंध है, हमने देखा है कि अशुद्धता तो थी लेकिन अस्पृश्यता नहीं थी।

क्या मनु के समय में अस्पृश्यता थी? इस प्रश्न का उत्तर सीधे नहीं दिया जा सकता है। एक प्रसंग[2] है जिसमें वे कहते हैं कि केवल चार वर्ण हैं और कोई पांचवा वर्ण नहीं है। यह प्रसंग गूढ़ है। इसका अर्थ निकालना कठिन है। जाहिर तौर पर मनु का बयान उनके द्वारा लिखे जाने के समय चल रहे विवाद को सुलझाने का एक प्रयास है। स्पष्ट रूप से विवाद चातुर्वर्ण्य व्यवस्था के संबंध में एक निश्चित वर्ग की स्थिति के बारे में था। वह बिंदु भी उतना ही स्पष्ट है जो विवाद का केंद्र था। संक्षेप में, मुद्दा यह था कि क्या इस वर्ग को चातुर्वर्ण्य में शामिल माना जाना चाहिये था या क्या

इसे पांचवा वर्ण मानना था जो मूल चार वर्णों से काफी अलग था। यह सब बिलकुल स्पष्ट है। हालाँकि, यह स्पष्ट नहीं है कि यहाँ किस वर्ग की बात हो रही थी। ऐसा इसलिए क्योंकि मनु ने विवाद में शामिल वर्ग का कोई स्पष्ट उल्लेख नहीं किया है।

मनु द्वारा दिए गए निर्णय में अस्पष्टता के कारण भी यह श्लोक गूढ़ है। मनु का निर्णय है कि कोई पाँचवाँ वर्ण नहीं है। एक सामान्य प्रस्ताव के रूप में इसका जो अर्थ है उसे हर कोई समझ सकता है। लेकिन इस निर्णय का उस वर्ग के लिए ठोस अनुप्रयोग में क्या मतलब है जिसकी स्थिति विवाद का विषय थी। जाहिर है इसकी दो व्याख्याएं की जा सकती हैं। एक मतलब यह हो सकता है कि चातुर्वर्ण की योजना के अनुसार कोई पाँचवाँ वर्ण नहीं है, प्रश्न में वर्ग को चार मान्यता प्राप्त वर्णों में से एक माना जाना चाहिए। लेकिन इसका अर्थ यह भी हो सकता है कि मूल वर्ण व्यवस्था में पाँचवें वर्ण के लिए कोई प्रावधान नहीं है, प्रश्न में वर्ग को पूरी तरह से वर्ण व्यवस्था के बाहर समझा जाना चाहिए।

रूढ़िवादी हिंदू द्वारा अपनाई गई पारंपरिक व्याख्या यह है कि मनु में दिया गया बयान अछूतों को संदर्भित करता है, कि वे अछूत ही थे जिनकी स्थिति विवादास्पद थी और यह उन्हीं की स्थिति थी जो मनु के निर्णय की विषय-वस्तु है। यह व्याख्या इतनी दृढ़ता से स्थापित है कि इसने हिंदुओं के दो वर्गों में विभाजन को जन्म दिया है, जिन्हें अलग-अलग नामों से पुकारा जाता है, सवर्ण या हिंदू (जो चातुर्वर्ण में शामिल हैं) और अवर्ण या अछूत (जिन्हें चातुर्वर्ण से बाहर रखा गया है)। सवाल यह है कि क्या यह नजरिया सही है? पाठ किसे संदर्भित करता है? क्या यह अछूतों को संदर्भित करता है? इस प्रश्न की चर्चा अप्रासंगिक और विचाराधीन प्रश्न से दूर प्रतीत हो सकती है। लेकिन ऐसा नहीं है। क्योंकि यदि पाठ में अस्पृश्यों का उल्लेख है तो इसका अर्थ है कि मनु के समय में अस्पृश्यता मौजूद थी- एक निष्कर्ष, जो विचाराधीन प्रश्न के हृदय को छूता है। इसलिए इस मामले को सुलझा लेना चाहिए।

मुझे यकीन है कि यह व्याख्या गलत है। मेरा मानना है कि यह परिच्छेद अस्पृश्यों का बिल्कुल भी उल्लेख नहीं करता। मनु यह नहीं कहते

कि कौन सा पाँचवाँ वर्ग था जिसकी स्थिति विवाद में थी और जिसकी स्थिति के बारे में उन्होंने इस परिच्छेद में निर्णय दिया है। क्या वह वर्ग अछूतों का था या कोई और वर्ग था? अपने इस निष्कर्ष के समर्थन में कि यह परिच्छेद अस्पृश्यों का उल्लेख बिल्कुल नहीं करता, मैं दो परिस्थितियों पर भरोसा करता हूँ। प्रथम तो मनु के समय में अस्पृश्यता नहीं थी। केवल अशुद्धता थी। यहां तक कि जिस चांडाल के लिए मनु के पास तिरस्कार के सिवा कुछ नहीं है, वह भी केवल एक अशुद्ध व्यक्ति है। ऐसा होने से, इस परिच्छेद में अछूतों का कोई संदर्भ सम्भव ही नहीं हो सकता। दूसरे, इस दृष्टिकोण का समर्थन करने के लिए सबूत हैं कि इस परिच्छेद में संदर्भ दासों से है न कि अछूतों से। यह दृष्टिकोण नारद स्मृति में अस्पृश्यता के व्यावसायिक सिद्धांत पर दिये गए अध्याय से उद्धृत परिच्छेद की भाषा पर आधारित है। ध्यान देने की बात यह है कि नारद स्मृति दासों को पाँचवीं श्रेणी के रूप में देखती हैं। यदि नारद स्मृति में पाँचवीं श्रेणी दासों को संदर्भित करती है, तो मुझे कोई कारण नहीं दिखता कि मनु स्मृति में पाँचवीं श्रेणी की अभिव्यक्ति को दासों के संदर्भ में क्यों नहीं लिया जाना चाहिए। यदि यह तर्क सही है, तो यह इस विवाद की जड़ को काट देता है कि अस्पृश्यता मनु के समय में मौजूद थी और मनु उन्हें वर्ण व्यवस्था के भाग के रूप में शामिल करने के लिए तैयार नहीं थे। बताए गए कारणों से, परिच्छेद अस्पृश्यता का उल्लेख नहीं करता और इसलिए, यह निष्कर्ष निकालने का कोई कारण नहीं है कि मनु के समय में अस्पृश्यता थी।

इस प्रकार हम अस्पृश्यता के जन्म के समय के लिए ऊपरी सीमा तय करने के बारे में सुनिश्चित हो सकते हैं। हम निश्चित तौर पर कह सकते हैं कि मनुस्मृति ने अस्पृश्यता का आदेश नहीं दिया। हालांकि, एक महत्वपूर्ण प्रश्न रह जाता है। मनु स्मृति की तिथि क्या है? इस प्रश्न के उत्तर के बिना सामान्य पाठक के लिए अस्पृश्यता के अस्तित्व या अनस्तित्व को समय के किसी विशेष बिंदु से संबंधित करना संभव नहीं होगा। मनुस्मृति की तिथि के सम्बन्ध में विद्वानों में एक मत नहीं है। कुछ इसे अति प्राचीन मानते हैं तो कुछ इसे अति नवीन मानते हैं। सभी तथ्यों पर विचार करने के बाद प्रो. बुहलर ने एक तिथि निर्धारित की है जो सत्य के निकट प्रतीत

होती है। बुहलर के अनुसार, मनु स्मृति जिस रूप में अभी अस्तित्व में है, वह दूसरी शताब्दी ईस्वी सन् में अस्तित्व में आई थी।[3] मनु स्मृति को इतनी नवीन तिथि प्रदान करने वाले प्रो. बुहलर अकेले नहीं हैं। श्री दफ्तरी भी इसी निष्कर्ष पर पहुंचे हैं। उनके अनुसार मनु स्मृति 185 ईसा पूर्व के बाद अस्तित्व में आई, पहले नहीं। श्री दफ्तरी द्वारा दिया गया कारण यह है कि मनु स्मृति का मौर्य वंश के बौद्ध सम्राट बृहद्रथ की उसके ब्राह्मण कमांडर-इन-चीफ पुष्यमित्र शुंग द्वारा की गई हत्या के साथ घनिष्ठ संबंध है और चूँकि ये 185 ईसा पूर्व में हुआ था, इसलिये उन्होंने निष्कर्ष निकाला है कि मनु स्मृति 185 ईसा पूर्व के बाद लिखी गई होगी। इतने महत्वपूर्ण निष्कर्ष को समर्थन देने के लिए पुष्यमित्र द्वारा बृहद्रथ मौर्य की हत्या और मनु स्मृति के लेखन के बीच मजबूत और ठोस सबूतों के साथ संबंध स्थापित करना आवश्यक है। दुर्भाग्य से श्री दफ्तरी ऐसा करने से चूक गए हैं। नतीजतन उनका निष्कर्ष हवा में लटका हुआ प्रतीत होता है। इस तरह के गठजोड़ की स्थापना नितांत आवश्यक है। सौभाग्य से इस उद्देश्य के लिए साक्ष्य की कोई कमी नहीं है।

पुष्यमित्र द्वारा बृहद्रथ मौर्य की हत्या पर दुर्भाग्य से किसी का ध्यान नहीं गया। किसी भी तरह इसे वह तवज्जो नहीं मिली है जिसकी वह हकदार है। इतिहासकारों द्वारा इसे दो व्यक्तियों के बीच एक सामान्य घटना के रूप में लिया गया है, जैसे कि यह दोनों के बीच किसी व्यक्तिगत झगड़े की उपज हो। इसके परिणामों पर ध्यान दें तो यह एक युगांतरकारी घटना थी। मौर्यों के बाद आने वाले शुंगों के वंश-परिवर्तन के रूप में मानकर इसके महत्व को नहीं मापा जा सकता है। यह यदि फ्रांसीसी क्रांति से बड़ी नहीं तो उतनी ही महान राजनीतिक क्रांति थी। यह एक क्रांति थी- बौद्ध राजाओं के शासन को उखाड़ फेंकने के लिए ब्राह्मणों द्वारा रची गई एक खूनी क्रांति। पुष्यमित्र द्वारा बृहद्रथ की हत्या का यही अर्थ है।

इस विजयी ब्राह्मणवाद को कई चीजों की जरूरत थी। इसे निश्चित रूप से चतुर्वर्ण को देश का कानून बनाने की आवश्यकता थी जिसकी वैधता को बौद्धों ने नकार दिया था। इसे पशु बलि को वैध बनाने की आवश्यकता थी, जिसे बौद्धों ने कानूनी रूप से समाप्त कर दिया था।

पर इसे कुछ और चाहिये था। बौद्ध राजाओं के शासन के खिलाफ इस क्रांति को लाने में ब्राह्मणवाद ने देश के प्रथागत कानून के दो नियमों का उल्लंघन किया था, जिन्हें सभी पवित्र और अनुल्लंघनीय के रूप में स्वीकार करते थे। पहले नियम के अनुसार ब्राह्मण के लिए शस्त्र को छूना भी पाप था। दूसरे के अनुसार राजा का शरीर पवित्र था और राजहत्या एक पाप था। विजयी ब्राह्मणवाद अपने अपराधों को सही ठहराने के लिए एक पवित्र ग्रंथ चाहता था, जो अपने अधिकार में अचूक हो। मनु स्मृति की एक उल्लेखनीय विशेषता यह है कि यह न केवल चतुर्वर्ण को देश का कानून बनाती है, यह न केवल पशु बलि को कानूनी बनाती है बल्कि यह बताती है कि कब एक ब्राह्मण उचित रूप से हथियारों का सहारा ले सकता है और कब वह न्यायसंगत रूप से राजा को मार सकता है। यहाँ मनुस्मृति ने वह किया जो पहले किसी स्मृति ने नहीं किया था। यह पूर्णतया नई बात है। यह एक नई थीसिस है। मनु स्मृति को ऐसा क्यों करना चाहिए था? इसका एक ही उत्तर है, उसे पुष्यमित्र द्वारा किए गए क्रांतिकारी कार्य को दार्शनिक औचित्य प्रतिपादित करके मजबूत करना था। पुष्यमित्र तथा मनु द्वारा प्रतिपादित नई थीसिस के बीच के इस अंतर्संबंध से पता चलता है कि मनु स्मृति 185 ई.पू. से कुछ समय बाद अस्तित्व में आई, जो प्रो. बुहलर द्वारा निर्धारित तिथि से बहुत दूर नहीं है। मनुस्मृति की तारीख मिलने के बाद हम कह सकते हैं कि ईसा की दूसरी शताब्दी में अस्पृश्यता नहीं थी।

अब अस्पृश्यता के जन्म की निचली सीमा निर्धारित करने की संभावना की ओर मुड़ें। इसके लिए हमें उन चीनी यात्रियों के पास जाना चाहिए, जिनके बारे में कहा जाता है कि वे भारत आए थे और उन्होंने भारतीय लोगों के रंग-ढंग और तौर-तरीकों को देखा। इन चीनी यात्रियों में फाह-ह्यान के पास कहने के लिए बहुत दिलचस्प बात है। वह 400 ईस्वी में भारत आया था। उसकी टिप्पणियों के क्रम में निम्नलिखित परिच्छेद आता है[4]:-

> "इस (मथुरा) से दक्षिण की ओर तथाकथित मध्य-देश है। इस देश की जलवायु गर्म और समान है, बिना ठंढ या बर्फ के। पोल-टैक्स या आधिकारिक प्रतिबंधों के बिना लोग बहुत अच्छे हैं। केवल वे ही जो

शाही भूमि पर खेती करते हैं, भूमि के लाभ का एक हिस्सा वापस करते हैं। यदि वे जाना चाहते हैं, तो वे जाते हैं; अगर वे रुकना पसंद करते हैं तो वे रुक जाते हैं। राजा शारीरिक दंड के बिना शासन करते हैं; अपराधियों पर परिस्थितियों के अनुसार हल्का या भारी जुर्माना लगाया जाता है। यहां तक कि बार-बार विद्रोह करने पर भी वे सिर्फ दाहिना हाथ काटते हैं। राजा के निजी परिचारक, जो उसकी दाहिनी और बाईं ओर पहरा देते हैं, का वेतन निश्चित होता है। पूरे देश में लोग न तो किसी जीव की हत्या करते हैं और न ही शराब पीते हैं और न ही लहसुन या प्याज खाते हैं, चांडाल को छोड़कर। चांडालों को 'दुष्ट पुरुष' कहा जाता है और वे दूसरों से अलग रहते हैं; यदि वे किसी कस्बे या बाजार में प्रवेश करते हैं, तो वे खुद को अलग करने के लिए लकड़ी का एक टुकड़ा बजाते हैं; फिर, लोग यह जानकर कि वे हैं, उनके संपर्क में आने से बचते हैं। इस देश में वे न तो सूअर और न पक्षी पालते हैं, और न गाय-बैल का लेन देन करते हैं; उनके बाजार-स्थानों में कोई झोंपड़ी या शराब की दुकान नहीं है। बेचने में वे कौड़ी का उपयोग करते हैं। चांडाल केवल शिकार करते हैं और मांस बेचते हैं।"

क्या इस परिच्छेद को फाहह्यान के समय अस्पृश्यता के चलन के प्रमाण के रूप में लिया जा सकता है? चांडालों के साथ व्यवहार के उनके विवरण के कुछ अंश इस निष्कर्ष का समर्थन करते प्रतीत होते हैं, यानि अस्पृश्यता का अस्तित्व।

हालाँकि, इस निष्कर्ष को स्वीकार करने में एक कठिनाई है। कठिनाई इसलिए पैदा होती है क्योंकि तथ्य चांडालों से संबंधित हैं। अस्पृश्यता के अस्तित्व या अनस्तित्व को निर्धारित करने के लिए चांडाल एक अच्छा उदाहरण नहीं है। ब्राह्मणों ने चांडालों को अपना वंशानुगत शत्रु माना है और उनपर घिनौने आचरण का आरोप लगाया करते है; उन्हे बुरे विशेषण देते है और उनके लिये ऐसे सर्वथा कृत्रिम आचरण गढ़ते रहते है जो उनके प्रति उनके जहर के अनुरूप होता है। इसलिए, चांडालों के खिलाफ जो कुछ भी कहा गया है, उसे काफी संशय के साथ लिया जाना चाहिए।

यह तर्क केवल अटकलों पर आधारित नहीं है। जो लोग इसकी दृढ़ता पर संदेह करते हैं, वे बाण की 'कादंबरी' के साक्ष्य को चांडालों के साथ किए गए व्यवहार के एक अलग विवरण के रूप में देख सकते हैं।

'कादंबरी' की कहानी बहुत जटिल है और वास्तव में हमें इससे कोई सरोकार नहीं है। हमारे उद्देश्य के लिए यह देखना पर्याप्त है कि राजा शूद्रक को यह कहानी वैशम्पायन नाम के एक तोते ने सुनाई थी जो एक चांडाल लड़की का पालतू था। 'कादंबरी' से निम्नलिखित अंश हमारे उद्देश्य के लिए महत्वपूर्ण हैं। एक चांडाल बस्ती के बाण के वर्णन से प्रारंभ करना बेहतर होगा। यह निम्नलिखित शब्दों में है[5]:-

"मैंने एक बर्बर बस्ती को देखा, जो बुरे कामों का एक बहुत बड़ा बाजार ही था। यह चारों तरफ से पीछा करने में लगे लड़कों से घिरा हुआ था, अपने शिकारी कुत्तों को खोलते हुए, अपने बाजों को सिखाते हुए, जालों को ठीक करते हुए, हथियार ले जाते हुए, और मछली पकड़ते हुए, घृणित पोशाक में वे राक्षसों जैसे भयानक थे। इधर-उधर घने बांस के जंगलों से छिपे उनके आवासों के प्रवेश द्वार का अनुमान हरताल के धुएं के उठने से लगाया जा सकता था। सभी तरफ खोपड़ियों से बाड़े बनाए गए थे; (627) सड़कों पर धूल के ढेर हड्डियों से भरे हुए थे; झोपड़ियों के आंगन खून, चर्बी और कटे हुए मांस से भरे हुए थे। वहाँ के जीवन में शिकार शामिल था; मांस का भोजन; वसा का मरहम; मोटे रेशम के वस्त्र; सूखे चमड़े के सोफे; कुत्ते घर के चौकीदार; सवारी के लिए जानवर गाय; पुरुषों का शराब और महिलाओं का रोजगार; देवताओं का चढ़ावा रक्त; मवेशियों का बलिदान। वह स्थान सभी नरकों का प्रतिबिंब था।"

ऐसी ही बस्ती से चांडाल कन्या अपने तोते के साथ राजा शूद्रक के महल की ओर प्रस्थान करती है। सभागार में राजा शूद्रक अपने सरदारों के साथ बैठे हैं। एक प्रतिहारी सभागार में प्रवेश करती है और निम्नलिखित घोषणा करती है[6]:-

"महाराज, द्वार पर दक्षिण की एक चांडाल युवती खड़ी है, जो उस त्रिशंकु की जाति का राजसी गौरव है, जो आकाश पर चढ़ गया,

लेकिन क्रोधी इंद्र के आदेश पर उससे गिर गया। वह एक पिंजरे में एक तोते को पालती है, और मुझसे इस प्रकार बोली आपकी महिमा की जय हो: "महाराज, आप, समुद्र की तरह, अकेले ही पूरी पृथ्वी के खजाने को प्राप्त करने के योग्य हैं। इस विचार से कि यह पक्षी एक चमत्कार है और पूरी पृथ्वी का खजाना है, मैं इसे आपके चरणों में रखने के लिए लाती हूँ, और आपको देखने की इच्छा रखती हूँ। हे राजा, आपने उसका सन्देश सुना है, और निर्णय लीजिये!" इतना कहकर उसने अपना भाषण समाप्त किया। राजा, जिसकी जिज्ञासा जगी थी, ने अपने चारों ओर के प्रमुखों को देखा, और 'क्यों नहीं? उसे आने दो' कहकर अपनी अनुमति दी।

फिर राजा के आदेश पर, चांडाल युवती को प्रतिहारी तुरंत ले आई। उसने प्रवेश किया।

राजा और सरदारों ने पहले तो उस पर ध्यान नहीं दिया। ध्यान आकर्षित करने के लिए उसने राजा को जगाने के लिए बहुरंगे फर्श पर एक बांस पटका। बाण फिर उसकी व्यक्तिगत छवि का वर्णन करना प्रारम्भ करते हैं।[7]

"तब राजा ने, अपने कमरे में 'यहाँ देखो' शब्दों के साथ, चांडाल युवती की ओर स्थिर दृष्टि से देखा, जैसा कि प्रतिहारी द्वारा बताया गया था; उसके सामने एक आदमी गया, जिसके बाल उम्र के साथ सफेद हो गए थे, जिसकी आँखें लाल कमल के रंग की थीं, जिसके जोड़, यौवन के नुकसान के बावजूद, लगातार श्रम से दृढ़ थे, जिसका रूप, यद्यपि मातंग का नहीं था, तिरस्कृत, और जिसने दरबार के लिये सफेद वस्त्र पहना था। उसके पीछे एक चांडाल लड़का चला आया, जिसके दोनों कंधों पर ताले गिरे हुए थे, एक पिंजरा था, जिसकी सलाखें, हालांकि सोने की थीं, तोते के पंखों के प्रतिबिंब से पन्ना की तरह चमक रही थीं। वह स्वयं कृष्ण की नकल करने के लिए, अपने रंग के अंधेरे से प्रतीत होती थी जब उन्होंने राक्षसों द्वारा जब्त किए गए अमृत को छीनने के लिए एक महिला की पोशाक धारण की थी। वह मानो नीलम की एक गुड़िया थी जो अकेली चल रही थी; और नीले वस्त्र के ऊपर, जो उसके टखने तक पहुँच गया

था, लाल रेशम का एक घूंघट गिर गया, जैसे नीले कमल पर शाम की धूप पड़ रही हो। उसके गाल का घेरा एक कान से लटकी हुई कान की बाली से सफेद हो गया था, जैसे रात का चेहरा उगते चाँद की किरणों से जड़ा हुआ हो; उसके माथे पर गोरोचन का एक पीले रंग का तिलक था, जैसे कि वह तीसरी आंख हो, जैसे पर्वतारोही की पोशाक में पार्वती, शिव की पोशाक में सुसज्जित हो।

वह श्री जैसी थी जो नारायण की नील कांति से काली पड़ गई हो, जो उसके स्तन के वस्त्र पर प्रतिबिम्बित हो रही हो; या रति की तरह, जो उस धुएँ से दागी हुई थी जो मदन के रूप में उठी थी, क्रोधी शिव की आग से जल गई थी; या यमुना की तरह, जो क्रोधित बलराम के फाल से खींचे जाने के डर से भाग रही थी; या, समृद्ध लाख से जिसने उसके चरण कमलों को कलियों में बदल दिया था, उस दुर्गा की तरह, असुर महिष के रक्त से जिसके पैर लाल हो गए थे, जिसे उसने अभी-अभी कुचला था।

उसके नाखून उसकी उँगलियों की गुलाबी चमक से गुलाबी थे; बहुरंगा फर्श उसके स्पर्श के लिए बहुत कठिन लग रहा था, और वह अपने पैरों को जमीन पर कोमल टहनियों की तरह रखते हुए आगे आई। उसके नूपुरों की किरणें, ज्वाला-रंग में उठती हुई, मानो उसे अग्नि की भुजाओं से घेर रही हों, मानो, उसकी सुंदरता के प्रति अपने प्रेम से, वह उसके जन्म के कलंक को शुद्ध कर देगी, और इस प्रकार सृष्टिकर्ता को शून्य कर देगी।

उसकी करधनी प्रेम के हाथी के मस्तक पर तारों की तरह थी; और उसका हार बड़े चमकीले मोतियों की एक रस्सी थी, जैसे यमुना के समीप गंगा की धारा।

शरद ऋतु की तरह, उसने अपने कमल के नेत्र खोल दिए; बरसात के मौसम की तरह, उसके बाल मेघमयी थे; मलय पर्वत के घेरे की तरह, वह चंदन से लदी हुई थी; राशि चक्र की तरह, वह तारों वाले रत्नों से विभूषित थी; श्री की तरह, उसके हाथ में कमल की तरह गोरापन था; बेहोशी की तरह, उसने दिल में प्रवेश किया; एक जंगल की तरह, वह जीवंत सुंदरता से संपन्न थी; एक देवी के बच्चे की तरह, उस पर किसी जनजाति का

दावा नहीं था; नींद की तरह, उसने आँखों को मंत्रमुग्ध कर दिया; जैसे वन में कमल-कुंड हाथियों द्वारा परेशान किया जाता है, वैसे ही वह अपने मातंग जन्म से मंद हो गई थी; आत्मा की तरह, उसे छुआ नहीं जा सकता; एक पत्र की तरह, उसने अकेले में आँखों को प्रसन्न किया; वसंत के फूलों की तरह उसे जाति के फूल की कमी थी; उसकी पतली कमर, प्रेम के धनुष की रेखा की तरह, हाथों से खींची जा सकती थी; अपने घुंघराले बालों के साथ, वह अलका में यक्ष राजा की लक्ष्मी के समान थी। वह अभी अपनी जवानी के फूल तक पहुँच चुकी थी, और बेहद खूबसूरत थी। और राजा चकित हुआ; और उसके मन में यह विचार उठा, 'इस सौंदर्य को उत्पन्न करने में विधाता के श्रम को गलत स्थान दिया गया था! क्योंकि यदि वह अपने चांडाल रूप का उपहास उड़ाते हुए बनाई गई है, ऐसी कि दुनिया भर की सुंदरता की सारी संपत्ति उसके अपने द्वारा उपहासित है, तो वह ऐसी जाति में क्यों पैदा हुई जिसके साथ कोई मिलन नहीं कर सकता? निश्चित रूप से प्रजापति ने मतंग जाति के साथ संपर्क के दंड से डरकर केवल मन से उसे बनाया है, अन्यथा यह शुद्ध चमक, यह प्रभाव स्पर्श से दूषित अंगों में नहीं हो सकता? इसके अलावा, यद्यपि वह अपने जन्म की नीचता के कारण रूप में निष्पक्ष है, जिससे वह निचली दुनिया की लक्ष्मी की तरह देवताओं के लिए एक सतत तिरस्कार है, वह जितनी प्यारी है, उतनी ही अजीबोगरीब रचना करने वाले ब्रह्मा में डर पैदा करती है।' जब राजा इस प्रकार सोच रहा था तभी फूलों की माला पहने हुए, जो उसके कानों से नीचे गिर रही थी, उसने अपनी आयु से अधिक आत्मविश्वास के साथ खुद को उसके सामने झुका दिया। और जब उसने अपनी श्रद्धा व्यक्त की और बहुरंगे फर्श पर कदम रखा, तो उसकी परिचारिका ने, तोते को, जो अभी-अभी पिंजरे में घुसा था, कुछ कदम आगे बढ़कर राजा को दिखाते हुए कहा: 'महाराज, यह तोता, वैशम्पायन नाम से, सभी वर्णों का अर्थ जानता है, शाही नीति के अभ्यास में विशेषज्ञ है, कहानियों, इतिहास और पुराणों में कुशल है, और गीतों और संगीत अंतरालों से परिचित है। वह सुंदर और अतुलनीय आधुनिक रोमांस, प्रेम-कहानियाँ, नाटक और कविताएँ, और इसी तरह की रचना करता है, और खुद रचना करता है; वह व्यंग्य

में पारंगत है और वीणा, बांसुरी और ढोल का बेजोड़ शिष्य है। वह नृत्य की विभिन्न गतियों को प्रदर्शित करने में कुशल है, चित्रकला में निपुण है, नाटक में बहुत साहसी है, प्रेमी के झगड़े में नाराज एक युवती को शांत करने के लिए संसाधनों में तैयार है, और हाथी, घोड़े, पुरुषों और महिलाओं की विशेषताओं से परिचित है। वह सारी पृथ्वी का रत्न है; और इस विचार में कि खजाने तुम्हारे हैं, समुद्र के मोतियों की तरह, मेरे स्वामी की बेटी ने उसे तुम्हारे चरणों में ला दिया है, हे राजा! उसे अपना मान लीजिये।'

एक चांडाल कन्या के इस वर्णन को पढ़कर अनेक प्रश्न उठते हैं। पहला, यह फाह्यान द्वारा दिए गए वर्णन से कितना भिन्न है? दूसरे बाण वात्स्यायन ब्राह्मण हैं। यह वात्स्यायन ब्राह्मण चांडाल बस्ती का विवरण देने के बाद चांडाल कन्या का वर्णन करने के लिए ऐसी वाक्पटु और भव्य भाषा का उपयोग करने में कोई संकोच नहीं करता। क्या यह वर्णन अस्पृश्यता से जुड़ी घोर तिरस्कार और अपमान की भावनाओं के अनुकूल है? यदि चांडाल अछूत थे तो एक अछूत लड़की राजा के महल में कैसे प्रवेश कर सकती थी? बाण द्वारा प्रयोग किए गए शानदार शब्दों में एक अस्पृश्य का वर्णन कैसे किया जा सकता है? बाण के काल के चांडालों का पतन तो दूर, उनके बीच शासक परिवार भी थे। क्योंकि बाण ने चांडाल लड़की को चांडाल राजकुमारी के रूप में बताया है[8] बाण ने लगभग 600 ईस्वी सन् में लिखा था, और 600 ईस्वी तक चांडालों को अछूत नहीं माना गया था। इसलिए, यह बहुत संभव है कि फा-ह्यान द्वारा वर्णित परिस्थितियां, हालांकि अस्पृश्यता के बहुत निकट थीं, पर उन्हें अस्पृश्यता के रूप में नहीं लिया जा सकता। यह केवल ब्राह्मणों द्वारा बरती जाने वाली अशुद्धता का चरम रूप हो सकता है, जो हमेशा पुरोहितवाद में अपने हिस्से की अति करने के आदी होते हैं। यदि हम यह याद करें कि जब फाह्यान भारत आया तो यह गुप्त राजाओं का शासन काल था। गुप्त राजा ब्राह्मणवाद के संरक्षक थे। यह ब्राह्मणवाद की विजय और पुनरुत्थान का काल था। यह बहुत संभव है कि फा-ह्यान ने जो वर्णन किया है वह अस्पृश्यता नहीं है, बल्कि वह चरम सीमा है, जहाँ तक ब्राह्मण औपचारिक

अशुद्धता को ले जाने के लिए तैयार थे, जो कुछ समुदाय, विशेष रूप से चांडालों से जुड़ी हुई थी।

भारत आने वाला अगला चीनी यात्री युआन च्वांग था। वह 629 ईस्वी में भारत आया था। वह 16 वर्षों तक भारत में रहा और उसने देश के ऊपर और नीचे की यात्राओं और लोगों के शिष्टाचार और रीति-रिवाजों का सबसे सटीक रिकॉर्ड छोड़ा है। भारत के नगरों और भवनों के सामान्य लक्षणों का वर्णन करते हुए वह कहता है[9]:-

> "उनके बसे हुए कस्बों और शहरों के रूप में शहरों की चतुष्कोणीय दीवारें (या एक पाठ के अनुसार, विभिन्न क्षेत्रों की) चौड़ी और ऊँची हैं, जबकि रास्ते संकरे घुमावदार मार्ग हैं। दुकानें राजमार्गों और बूथों पर हैं, या (सराय) सड़कों पर हैं। कसाई, मछुआरे, सार्वजनिक प्रदर्शन करने वाले, जल्लाद, और मैला ढोने वालों के निवास स्थान एक विशिष्ट चिह्न द्वारा चिह्नित होते हैं। उन्हें शहर के बाहर रहने के लिए मजबूर किया जाता है और जब वे बस्तियों में जाते हैं तो बाईं ओर छिप जाते हैं।"

उपरोक्त परिच्छेद कोई एक निश्चित निष्कर्ष निकालने के लिए बहुत छोटा और बहुत संक्षिप्त है। हालाँकि, इसके बारे में एक बिंदु है जो ध्यान देने योग्य है। फा-ह्यान का विवरण केवल चांडालों को संदर्भित करता है जबकि युआन च्वांग द्वारा दिया गया विवरण चांडाल के अलावा अन्य समुदायों पर लागू होता है।

यह बहुत महत्वपूर्ण बिंदु है। इस विवरण की स्वीकृति के विरुद्ध ऐसा कोई तर्क नहीं लगाया जा सकता कि यह चांडालों के अलावा अन्य समुदायों पर लागू होता है। इसलिए यह संभव है कि जब युआन च्वांग भारत आया, तब अस्पृश्यता का उदय हो चुका हो।

ऊपर कही गई बातों के आधार पर हम यह निष्कर्ष निकाल सकते हैं कि अस्पृश्यता 200 ईस्वी में अस्तित्व में नहीं थी, लेकिन यह 600 ईस्वी तक उभर आई थी।

अस्पृश्यता के जन्म को निर्धारित करने के लिए ये दो सीमाएं हैं, ऊपरी और निचली। क्या हम अस्पृश्यता के जन्म की अनुमानित तारीख तय कर सकते हैं? मुझे लगता है कि अगर हम गौमांस भक्षण, जो कि अस्पृश्यता की जड़ है, से शुरू करें तो हम ऐसा कर सकते हैं। गौमांस भक्षण पर प्रतिबंध को जांच के एक बिंदु के रूप में लेने से यह निष्कर्ष निकलता है कि अस्पृश्यता के जन्म की तारीख को गाय की हत्या और गोमांस खाने पर प्रतिबंध के साथ घनिष्ठ रूप से जुड़ा होना चाहिए। यदि हम उत्तर दे सकें कि कब गोहत्या अपराध बन गई और गौमांस खाना पाप हो गया, तो हम अस्पृश्यता के जन्म की एक अनुमानित तिथि निश्चित कर सकते हैं।

गौ-हत्या कब अपराध बन गया?

हम जानते हैं कि मनु ने गौमांस भक्षण का निषेध नहीं किया था और न ही उन्होंने गोहत्या को अपराध बनाया था। यह कब अपराध बन गया? जैसा कि डॉ. डी. आर. भंडारकर ने दिखाया है, गाय की हत्या को चौथी शताब्दी ईस्वी में गुप्त राजाओं द्वारा मृत्युदंड का अपराध बना दिया गया था।

इसलिए, हम कुछ विश्वास के साथ कह सकते हैं कि अस्पृश्यता का जन्म लगभग 400 ईस्वी में हुआ था। यह बौद्ध धर्म और ब्राह्मणवाद के बीच वर्चस्व के संघर्ष से पैदा हुई थी, जिसने भारत के इतिहास को पूरी तरह से ढाला है और जिसके अध्ययन की भारतीय इतिहास के छात्रों द्वारा इतनी बुरी तरह से उपेक्षा की गई है।

संदर्भ सूची

1. धर्म शास्त्र खंड II. भाग I. पृ. 165.
2. मनु अध्याय 10, श्लोक 4.
3. बुहलर-लॉ ऑफ मनु (S.B.E.) खण्ड 15, भूमिका सी.एस.एन.
4. बीसीएएल द्वारा पश्चिमी भारत में बौद्ध अभिलेख। परिचय पृ. 204.
5. कादंबरी (रिडिंग का अनुवाद) पृ. 204.
6. कादंबरी (रिडिंग का अनुवाद) पृ. 6.
7. वही पृ. 8-10.
8. कादंबरी (रिडिंग का अनुवाद) पृ. 204.
9. वॉलर्स-युआन च्वांग खंड 1, पृ. 147.